梦想的力量
中国梦青少年读本

刘　勇
李春雨
主　编

侯　敏
姚舒扬
副主编

赵希杰
编　著

理想信念之梦

LIXIANG XINNIAN ZHI MENG

北京师范大学出版集团
BEIJING NORMAL UNIVERSITY PUBLISHING GROUP
安徽大学出版社

图书在版编目(CIP)数据

理想信念之梦/赵希杰编著. —2 版. —合肥:安徽大学出版社,2014.9
(梦想的力量:中国梦青少年读本/刘勇,李春雨主编)
ISBN 978-7-5664-0849-5

Ⅰ. ①理… Ⅱ. ①赵… Ⅲ. ①爱国主义教育－中国－青少年读物 Ⅳ. ①D647-49

中国版本图书馆 CIP 数据核字(2014)第 219743 号

出版发行	北京师范大学出版集团
	安 徽 大 学 出 版 社
	(安徽省合肥市肥西路 3 号 邮编 230039)
	www.bnupg.com.cn
	www.ahupress.com.cn
印 刷	合肥市裕同印刷包装有限公司
经 销	全国新华书店
开 本	170mm×230mm
印 张	14.25
字 数	136 千字
版 次	2014 年 9 月第 2 版
印 次	2014 年 9 月第 1 次印刷
定 价	24.80 元

ISBN 978-7-5664-0849-5

策划编辑:赵月华 钟 蕾		装帧设计:李 军	
责任编辑:谢 莎		美术编辑:李 军	
责任校对:程中业		责任印制:赵明炎	

版权所有 侵权必究

反盗版、侵权举报电话:0551-65106311
外埠邮购电话:0551-65107716
本书如有印装质量问题,请与印制管理部联系调换。
印制管理部电话:0551-65106311

总 序

中国是有着五千多年灿烂历史文明的泱泱古国。周秦伟业、两汉文明、大唐盛世、宋季富十、元朝拓疆、明代兴旺、康乾胜景,历史上伟大的时代与悠久的历史文明,不仅让我们每个炎黄子孙倍感骄傲,而且令世界人民叹为观止。而时至清朝,当欧洲已经走出长达八百多年中世纪的黑暗,在文艺复兴运动,接受一系列新知识、新技术的时候;当18世纪初牛顿发现了万有引力定律、莱布尼茨建立了微积分体系、培根喊出了"知识就是力量"的时候;当英国正在大张旗鼓地进行工业革命的时候,中国却仍然沉浸在"天朝上国"的迷梦和农业经济繁荣的落日余晖之中,根本不知道世界正在发生翻天覆地的巨变。结果是中国为此付出了沉重而惨痛的代价,鸦片战争失败后所签订的丧权辱国的中英《南京条约》,使中华民族承受了巨大而空前的屈辱,于是无数的仁人志士开始为振兴中华而奔走呼号,甚至抛头颅、洒热血。从洋务运动、戊戌变法、辛亥革命,直到中华人民共和国成立,中国人民为了寻求挽救国家于倾颓的伟大梦想,走过了一段艰难曲折的历程。

五四运动是这一历程中重要的一步,成为近现代国人真正觉醒的辉煌的起点。五四运动的先驱在高扬"民主""科学"伟大旗帜的同时,将目光聚焦于文学。我们还清楚地记得,无数有识之士都不约而同地将目光集中投向了青年!五四新文学与新文化运动中最重要、最让人瞩目的刊物就叫《新青年》,陈独秀所写的《敬告青年》满含殷殷之情、拳拳之心,至今令人难忘。回想当年,陈独秀为什么要创办《新青年》?为什么要写《敬告青年》?以陈独秀为代表的那代人为什么那样关注青年?难道是因为他们心血来潮吗?难道是因为他们认为青年必然胜过老年吗?不是的!他们清醒地意识到,民族伟大复兴的梦想不是一代人所能完成的,甚至也不是两三代人就能实现的。这个伟大的使命势必要由数代青年前赴后继,不断努力地去承担、去完成、去实现!

陈独秀在《敬告青年》一文中的慷慨陈词:"青年如初春,如朝日,如百卉之萌动,如利刃之新发于硎,人生最可宝贵之时期也。青年之于社会,犹新鲜活泼细胞之在人身。"亦如梁启超在《少年中国说》中所言:"老年人常思既往,少年人常思将来。惟思既往也,故生留恋心;惟思将来也,故生希望心。惟留恋也,故保守;惟希望也,故进取。

惟保守也,故永旧;惟进取也,故日新。"这样的言辞虽然有些绝对,但却道出了青少年乃国家与民族未来希望之实质。

从晚清起到今天,心怀强国梦想的中国人奋斗了一百多年。虽然在这一百多年中,几代人前赴后继,为中华民族开辟了一条通往伟大复兴之路,但在这条复兴的道路上,还需要我们继续努力。实际上,以"中华民族伟大复兴"为旨归的"中国梦"正像五四新文学先驱者们所预测的那样:还需要几代人去实现。也就是说,还需要几代青少年去不断地努力与拼搏。所以,让青少年了解什么是"中国梦",让青少年了解"中国梦"的实现对于我们国家与民族的根本意义,是多么急切,多么重要!这就是我们出版这套"梦想的力量:中国梦青少年读本"丛书的初衷。

这套丛书,紧紧围绕着"理想信念""少年成长""教育强国""科技腾飞""文学艺术""悠悠历史""求真探奇""城乡和谐""平凡人生""走向世界"等十个与"中国梦"密切相关的主题,用许许多多生动有趣的故事,向怀揣梦想的青少年说明:"中国梦"这三个字绝对不是口号、不是空想。相反,它有着丰富的文化内涵和底蕴,它涵盖了我们生活的方方面面,彰显在历史、科技、文学艺术等各个领域。它既可以体现为伟人在其人生历程中所追求的理想信念,也可以体现为普通人在平凡的人生中所坚守的一个个小小梦想；它既可以体现为老一辈对于自己梦想的执着守望，也可以体现为年轻一代对于未来的无限憧憬。

我们之所以把这些故事讲给青少年听，是想让青少年了解那些曾经发生和正在发生的感人故事，让他们真正体悟梦想的实现都不是一蹴而就的，而是要付出辛劳和汗水；让青少年在这些生动感人的故事的熏陶下培养自身坚强、勇敢、勤劳的优秀品质；让青少年通过这些故事反观自身，从而激发他们面对挫折时的斗志和勇气；让青少年了解什么是"中国梦"，为什么要实现"中国梦"；让青少年明白自己在实现民族伟大复兴的"中国梦"的历史进程中肩负着什么样的责任。

"梦想的力量"在根本上来自青少年！

"中国梦"的实现归根到底在于青少年！

刘 勇 李春雨

2014 年 1 月

目录

出使东瀛为强国 // 1

老将捍守台湾 // 10

甘当"马前卒"的"大将军" // 16

爱妻子,更爱天下人 // 22

为四万万人争人格 // 29

江西革命第一个牺牲者 // 36

我是宝剑,我是火花 // 43

刑场上的婚礼 // 53

党的第一位农协当家人 // 61

头可断,血可流,工不可复 // 67

第一幅抗战宣传画 // 76

蓄须明志爱国心 // 83

一个农民的抗战 // 90

知识分子的"地雷梦" // 99

英雄、清官一身兼 // 107

破解密电保卫党 // 117

铁血丹心抗战魂 // 126

书生报国 铁肩担当 // 132

荆棘花开神笔来 // 138

毛泽东为纪念他提出"为人民服务"口号 // 146

巧谋歼敌卫苏区 // 154

革命饭店 // 161

接生5万婴儿的独身医生 // 171

捐飞机的"花木兰" // 179

第一位"铁人" // 187

举债修建烈士故居 // 196

为别人治病的高位截瘫病人 // 203

小岗人的"脊梁" // 210

后记 // 217

出使东瀛为强国

黄遵宪虽然以"诗界革新导师"闻名,但他也是一个爱国外交家。

1877年1月,黄遵宪的同乡、翰林院侍讲何如璋被清政府任命为首任驻日公使。了解黄遵宪抱负与志向的何如璋,热情地邀请黄遵宪与他同赴日本。

那时,黄遵宪已经考取了举人,家人、朋友都期望他再考进士。所以,当他们听说何如璋邀请黄遵宪一起去日本的消息时,纷纷上门劝他:

"还是考进士吧,咱们读书人都走这条路啊。"

"日本,谁也没去过呀!危险吧?"

"中国现在不是强国,你出去肯定受欺负,还是留在国内吧!"

黄遵宪了解当时的形势，对大家的关心也心存感激。他更清楚，中国要想发展，不被外强欺辱，一定要自强。但是，中国发展的春天到底什么时候会到来呢？与中国一衣带水的日本已经发生了巨大的变革，它的强大让中国人震惊。黄遵宪期望亲自去了解明治维新之后，日本发生了怎样的变化，它是怎样向西方学习的，进而思考中国应该从日本学习什么。不仅没有一丝胆怯，黄遵宪还充满了信心和勇气，他急切地要去日本，渴望担负艰巨的外交工作，找到让中国强盛的道路。于是，他不顾家人、朋友的反对，毅然放弃科举之路，选择了去海外从事外交工作。

为了让大家了解他的想法，他在自己的一张半身照片上挥毫题诗：

如此头颅如此腹，此行万里亦奇哉。

诸公未见靴尖趯，待我扶桑濯足来。

1877年11月26日，黄遵宪作为驻日参赞，随何如璋启程赴日，这是自隋唐通好以来中国第一个赴日的正式使团。

到了日本，黄遵宪四处游历、访问。对日本的了解愈多，黄遵宪的忧思就愈深。一日，他与何如璋对坐深谈。桌上茶香袅袅，这两个人却眉头深锁。原来，不久前，日本

吞并了琉球。针对这一事件,黄遵宪草拟了十几万字的文件,详细分析了日本的国情,提出了清政府应采取的对策,并预言:"琉球如亡,不出数年,闽海先受其祸。"何如璋将文件呈给了总理衙门和北洋大臣。但是,清政府没有采纳这些重要建议。

黄遵宪说:"中国一定要变法自强,否则必遭奴役、瓜分。"

何如璋赞同地说:"琉球事件就是最好的证明啊。"

说罢何如璋长长地叹了口气,沉默良久,然后他又说:"但是很多中国人对这些并不了解,还以为中国是一个强国,战败只是偶然事件。"

"是呀。相对中国而言,日本发展得太快了,我们落后了。"

何如璋说:"我们不可能让所有的中国人都来日本看,但是,你可以写一本书,让中国人真正地了解日本,让更多的中国人感受到世界的变化。"

黄遵宪点点头。外面的世界发生了巨大的变化,而了解他国发展的经验,特别是日本的发展经验,对于中国的革新图强是太有必要了。

茶已经凉了,茶香已经散去,这两个人谁也没有发现这些。他们一起谋划着如何写这本书,让中国读者有所收获。

这天以后,黄遵宪更忙碌了。他开始有针对性地对日本进行全方位的考察与调研,不仅发现日本的进步,更去探究日本如何进步;不仅考察日本的改革成果,更去追寻日本如何进行改革;不仅研究日本政治经济发展的特点,更去搜集相关制度的制定与推行的原则。

有的中国人对黄遵宪的做法不理解:堂堂的大清帝国,为什么要研究日本的东西?老祖宗的东西不好吗?黄遵宪跟他们讲明道理后,得到了很多人的帮助。

或者是因看不起中国人,或者是因对中国的发展非常警惕,有的日本人阻挠黄遵宪的调研。他们设置种种障碍,让黄遵宪举步维艰。但黄遵宪没有在困难面前止步,而是发挥他外交家的才能,取得了日本友人的帮助,最大限度地去发现真正的日本。

花了3年时间,黄遵宪跑遍了日本。这3年中,他不是走马观花地参观,而是进行有目的、有针对性的实地考察和深入研究。他还搜集了200多种参考文献,深入研究日本的典章制度。黄遵宪经过精心的采集、编纂、校勘,终于在1882年,完成了《日本国志》初稿。

但是正在此时,他被调任为驻美国旧金山总领事。

何如璋既为好友的离开伤感,又为好友即将开始新的征程欣慰。是呀!一个更新的世界将要在黄遵宪眼前开启了,何如璋相信好友一定会有更多的收获与更好的发展。黄遵宪自己更是感慨万千,虽然距离祖国更远了,但是他觉得自己的心离祖国更近了,肩上的担子也更重了。握着何如璋的手,他坚定地说:"你放心,我一定会把这部书完成,我知道这件事情的重要性。"

于是,在完成日常工作的同时,黄遵宪夜以继日地修改书稿。比照了欧美的相关材料之后,他对于日本的典籍制度有了更深的理解。1887年夏天,他完成了《日本国志》的全部撰写工作。《日本国志》共40卷,从国统、邻交、天文、地理、职官、食货、兵、刑法、学术、礼俗、物产、工艺等角度,详细介绍了日本的历史与现状,重点阐释了日本明治维新的改革措施与成效。

成书之时,黄遵宪提笔写下《书成志赞》一诗:

> 湖海归来气未除,忧天热血几时摅。
> 千秋鉴借《吾妻镜》,四壁图悬人境庐。

诗中所提到的《吾妻镜》是日本的一部编年史书,《千秋金鉴录》是唐代张九龄编写的历史故事书。这首小诗表达了黄遵宪渴望中国能借鉴日本变法的经验,从而繁荣昌盛的一片赤子之情。

《日本国志》一经发行,立刻引起国人注目,维新派从中受到了极大的启发。甚至连身居宫廷的光绪皇帝也两次向大臣索取这本书,期望从中吸取强国经验。这部洋洋洒洒50余万字的《日本国志》,让驻法公使薛福成连连惊叹:"奇作,奇作,真是百年不遇的一本好书。"在薛福成举荐之下,黄遵宪被任命为驻英二等参赞,他的外交生涯又翻开了新的一页。黄遵宪也继续着他看世界、强中国的爱国之行,继续为他的强国梦而奋斗。

客家诗宗　"客家诗宗"是指"诗界革命"主将黄遵宪。他收录了9首客家民歌在其著作《人境庐诗草》之中,同时,他在《人境庐诗草》中这样描述客家山歌:"瑶峒月夜,男女隔岭唱和,兴往情来,余音袅娜,犹存歌仙之遗风,一字千回百折,哀厉而长,称山歌。"大大提高了客家歌谣的社会地位。

梁启超曾说,"近世诗人,能镕铸新思想入旧风格者,当推黄公度"。

＊ ＊ ＊

君子喻于义,小人喻于利。

——(春秋)孔子

老将捍守台湾

刘永福在中法战争中率领他的黑旗军,屡次大败法军,并于1886年,被清政府任命为广东南澳镇总兵。

1894年7月,甲午中日战争爆发。由于台湾的军事地位非常重要,清政府命令刘永福赶赴台湾协助巡抚邵友濂保卫台湾。8月,刘永福率黑旗军赴台北,后来又奉命驻守台南,并先后在潮汕、台湾等地招募新兵,扩充黑旗军,做好了战争准备。1895年4月,清政府与日本签订了《马关条约》,将台湾岛、澎湖列岛割给日本。消息传出后,全国人民都非常激愤,台湾人民更是悲愤至极,坚决反对清政府割让台湾。他们"鸣锣罢市",围住了巡抚衙门,誓不投降,愿与台湾共存亡。为了迫使台湾人民投降,日本派日军主力近卫师团,于5月27日从冲绳出发,兵分两路

进攻台湾。其中一路日军从貂角强行登陆,攻占基隆。接着,又进犯台北,于6月7日攻陷台北。

台湾形势紧迫。刘永福在台南发出联合抗日的号召,表示愿为保卫国土誓死奋战。

台湾人民也没有屈服。他们奋起抗争,自发组织了抗日义军。抗日义军推举刘永福担任义军首领。那时,刘永福已经快60岁了。家人担心他岁数大了,无法承担领兵作战的重任,不同意他接受推举。刘永福却表示,为了守卫台湾、为了不辜负大家的信任,将万死不辞。他毅然接受了推举,担任抗日义军军统,领导抗日。

6月,日军偷袭台南的海港安平口,妄图从此登陆。刘永福亲自在一线督战。战斗中,日军的攻势越来越猛,义军将士奋起杀敌。但日军拼死冲锋,几个时辰过去,义军渐渐有些顶不住了。突然,义军队伍中传来一声惊呼"刘军统!"将士们吃了一惊,抬眼望去,血色的夕阳下,炮台上屹立着一员老将。原来是刘永福亲自冲上炮台,发炮攻击日军。义军将士们顿时士气大涨,斗志大增,以更加猛烈的火力逼得日军仓皇逃去。

虽然战斗胜利了,可凭借着多年的作战经验,刘永福深知这一切仅仅是开始。他没有放松警惕,部署巡防部队日夜巡逻。周密的部署、严密的巡逻使得日军的数次登陆

行动都以失败告终。

可义军的防御优势没有持续很久。过了一些日子,义军的好几次行动都失败了,做好了伏击准备的地方,没有发现日军;反而在其他地方,日军发起了进攻,弄得义军东奔西走,异常疲惫。

作战经验丰富的刘永福感到这几次失败不是偶然的。于是,他派出暗探,四处搜集情报。经过数个日夜的侦查,事情终于水落石出。原来,新的战况是潜伏在台湾各地的奸细与日军里应外合造成的。

看着一份份情报,刘永福皱紧了眉头,他心里明白,这可不是小问题。奸细泄露军事情报,不仅能造成某次战争的失利,更有可能形成暗流,击垮整个队伍。

与同僚们反复磋商之后,刘永福规定对每个村庄的居民实行实名登记制,村庄间互相检查;一旦发现来历不明的人或可疑事件,要及时举报;对举报的人将按功行赏,对隐匿事件不报的人则将治罪。

这一制度赢得了台湾军民的拥护。自此,奸细难以立足,地方日渐安宁,抗日斗争得以延续。

这之后,抗日义军接连取得了胜利,攻克了新竹等地。很多义军将领产生了骄傲轻敌的思想。不少支义军部队为了追求局部胜利,擅自行动,甚至不重视守卫已有战果,

贸然出兵,猛追日军。

尽管胜利的消息一个接一个,但刘永福敏锐地发现了义军行动的仓促与混乱,于是召开会议,提醒诸将,各个局部胜利背后可能隐藏的祸患,并同时急电各支部队:"胜不可恃,恐倭人有大型战事。"并立即派兵到前线增援。果然不出刘永福所料,还未等刘永福派出的援军抵达前线,日军就开始了大举进攻,数位义军将领阵亡,义军的精锐部队受损,八卦山、彰化、云林、苗栗等地纷纷失守。

刘永福临危不乱,在制订了周密的全盘作战方案以后,亲自赶赴嘉义,在营地临敌指挥。在刘永福的指挥下,各路义军互相配合,利用属地优势,连获大捷,相继收复云林、苗栗、彰化……义军军威再次大振。军民纷纷感慨:刘军统就是厉害,姜还是老的辣!

抗战持续了5个多月,刘永福率军在八卦山之战中打死了少将山根信成及1 000多名日军;在台南保卫战中,黑旗军、义军等1万多人抗击日军海陆军4万多人,击毙近卫师团长北白川宫能久亲王,打死、打伤日军数千人。数次战役,共打死、打伤日本官兵3万多人。

但是,随着战事的发展,抗战武装因没有财政的支持陷入了困境。甚至连作战将士的伙食都无法保障了。于是,义军只好派人去厦门寻求朝廷的支援。但是,令众将

士寒心的是,清政府的主和派不仅不拨款,还扣留了转汇给台湾的军费。

可是,全国各地人民敬佩义军和台湾人民的抗日斗志,支持他们的抗战。很多书局刊印"台湾得胜图",歌颂义军的抗战事迹;爱国人士纷纷上书朝廷,呼吁支援台湾抗日;百姓纷纷募捐,有人直接奔赴台湾,与义军共同作战。面对举国上下的抗日行动和热情,昏聩的清政府竟然发布严令,禁止官民接济台湾抗日军。台湾抗战,内无粮草,外无援兵,陷入了困境。

为了筹集财物,解义军的燃眉之急,刘永福与同僚反复思考、商议之后,在台南设立官银钱票总局,发行银票。台湾官银票是中国最早的以银元为单位的纸币,对筹集抗日军饷起到了积极作用。但是,银票却被英、法等国银行拒用,同时清政府也彻底断绝了对台湾的增援。

10月中旬,日本侵略军相继占领台中、新竹、彰化、嘉义等地。刘永福派出自己的儿子刘成良率军迎战,但是,义军没有钱粮,将士们饿得站不起来,无力迎战,只好退守台南。18日,台南城中弹尽粮绝,守军溃散。刘永福再次亲临炮台,将最后一发炮弹射出,击毙日军数人。但是,再无炮弹可用了,刘永福老泪纵横。在众部将的簇拥下,他一步一回头,于19日退回大陆。台湾失守。

虽然台湾失守,但是刘永福和义军的抗日精神激励了当时的国人,并为后人所称颂。时至今日,在海峡两岸共圆统一梦的进程中,依然有人提到刘永福的名字,赞扬他的精神。

黑旗军 黑旗军是中国19世纪末的一支地方武装,以七星黑旗作为战旗,由此得名。

黑旗军前期抗击清朝统治。1867年,迫于清军的进攻,黑旗军进驻保胜(今越南老街)。由于黑旗军在抗击法国侵略越南的战争中屡获胜利,黑旗军统帅刘永福被越南国王授予三宣副提督。

黑旗军返回中国后,被清政府下令解散。甲午战争爆发后,黑旗军奉清政府命令重新编组,由刘永福率领进驻台湾岛。日军侵台后,黑旗军困守台湾,众多将士战死。

❋ ❋ ❋

志不强者智不达。

——(春秋)墨子

甘当"马前卒"的"大将军"

在一艘从日本开往中国的客轮上,一个还不到20岁的青年站在甲板上,望着远方沉思,他面容平静,心情却如同大海一样波涛汹涌。

这个青年就是邹容。他本来在日本留学,因积极参加革命活动而被迫回国。

看着滚滚的浪花,邹容不知道未来的生活会怎样。但他决心,无论遇到多大的困难,无论要付出多大的牺牲,他都将义无反顾地走在革命的道路上。他不知道,此时的中国与他离开时已大不相同,革命的思潮已经风起云涌。他没有想到回国后会遇到自己一生的老师、知己——章太炎。

几个月后,邹容出现在章太炎住所。章太炎微笑着听

邹容讲述着自己的革命经历。邹容在日本留学时,清政府留日学生监督姚文甫生活腐败、破坏学生的革命活动。邹容血气方刚,按捺不住激愤的心情,拿着一把大剪刀,带着几个同学,赶到了姚文甫的住所。他们用力敲门,姚文甫缩在屋里不应声。他们砸开了大门,发现姚文甫躲在桌子底下。邹容第一个冲上去,揪出了姚文甫。

邹容开心地说:"章先生,你知道吗?姚文甫可胆小了,吓得趴在地上求饶。"

"那你饶过他了吗?"章太炎问邹容。

邹容立即说:"没有!我剪掉了姚文甫的辫子!"

"就这些?你是不是还高喊着'今纵饶尔头,不饶尔辫发'?"

"啊!章先生都知道呀!消息传得可真快呀!"邹容开心地笑了。

"真是英雄出少年!"章太炎大声夸赞道。

邹容被夸赞得涨红了脸。

章太炎举着手中的一沓稿纸,说:"这部《革命军》是你写的?"

邹容高声说:"对!"

"'革命军中马前卒'是什么意思?"

"就是在革命军中,我要做一个马前卒,勇往直前,义无反顾。"

"'马前卒'！有气魄！有胆识！"章太炎拍手称赞。

邹容谦虚地说："我的文字太浅显了，没有什么内涵。"

章太炎摇摇头，认真地说："我就喜欢这浅显，这才能让更多的人读懂，才能让更多的人受教育。你继续写，我支持你！"

能得到章太炎的支持，邹容喜出望外，说："章先生，谢谢您！"

"什么'章先生'，什么'您'，虽然我们年龄相差18岁，但我欣赏你，今后咱们兄弟相称！"

听章太炎这么说，邹容一下子愣住了。他敬仰的老师、学者，竟然称呼自己是小弟，真是太荣幸了！自己一定要好好向他学习。

邹容在章太炎的鼓励与帮助下，完成了富有战斗性的革命著作《革命军》。章太炎在为《革命军》所作的序言中，将《革命军》比作雷霆之声，将让人们猛醒。

1903年，邹容的《革命军》在上海大同书局出版。在书中，邹容将西方资产阶级革命时期提出的"天赋人权""自由、平等、博爱"作为指导思想，阐述了反对封建专制、进行资产阶级民主革命的必要性，分析了革命爆发的必然性。他旗帜鲜明地指出了革命之大义，即推翻清王朝，建

立共和国!

《苏报》在5月27日刊载了邹容的《革命军·自序》;6月9日,刊登了署名为"爱读《革命军》者"所写的《读〈革命军〉》,该文称赞该书为"今日国民教育之第一教科书";6月10日,刊载了章太炎为《革命军》所作的序言。一时,《革命军》如雷霆万钧,在社会上引起了巨大的反响。这令清政府感到非常紧张。随即,两江总督魏光焘密令捉拿章太炎等人。

6月30日,外国巡捕与中国警探闯入爱国学社抓人。当时只有章太炎在场,他冷静、从容地应答:"其他人都不在,要拿章太炎,就是我。"

消息传来时,邹容正在虹口。好多人劝他赶快逃走,邹容激动极了,大声喊:"我的兄长因为我被抓了!我怎么能置身事外,我要与炳麟兄同生共死!"于是,邹容主动投案。

7月7日,《苏报》和爱国学社被查封了。这就是轰动一时的"苏报案"。

12月24日,章太炎、邹容被判"永久监禁"(无期徒刑)。一时,社会各界群情激愤。迫于强大的社会舆论压力,1904年5月21日,章太炎被改判为监禁3年,邹容被改判为监禁2年。

邹容入狱以后,吃不饱饭,身体又不好,还总是受到狱卒的欺凌。但是,他没有畏惧,因为兄长章太炎与他在一起。

看着邹容瘦弱的身体,章太炎忧心忡忡,说:"你身体很虚弱,要想个办法早点出去。以监禁期限而论,我3年,你2年,你当生,我当死!"邹容听后,哽咽着说:"兄长要是死了,我也不愿再活在这个世上了。"章太炎说:"如果我死了,他们必然惧怕外界舆论的谴责,从而宽待于你啊!"邹容说:"革命不分年龄大小,我要与兄长生死与共。"

虽然他们互相鼓励、斗志昂扬,但是邹容的身体越来越差。到了1905年2月,他病情加重,数次昏迷。章太炎多次上书请求当局为邹容诊治,但是屡次遭到拒绝。直到邹容病危,当局才同意邹容出狱就医。

出狱前,章太炎嘱咐邹容要好好治病。邹容喘息着,看着亲如兄长的章太炎,一句话也说不出来,只是紧紧地握了握章太炎的手,他坚定的目光中有千言万语。

但是,谁也没有想到,出狱前一天,邹容服用了工部局医院开出的药,于第二天凌晨突然去世。这一天,距离邹容刑满释放,仅仅差70多天。这一年他年仅20岁。

邹容的遗体被遗弃在监狱墙外,后被停放在义庄里。后来,有一位倾向革命的人,冒着风险将邹容的遗体运回他的家乡安葬。

为表彰邹容的革命功绩,1912年,南京临时政府授予

邹容"大将军"荣衔。章太炎撰写了《赠大将军邹君墓表》，将其刻在邹容墓前的石碑上，纪念这位与他同生共死的革命战友、"小弟"。而邹容革命军中马前卒的精神，也鼓舞了一代又一代革命者为了理想和信念而奋斗！

《革命军》 《革命军》是中国近代思想史上第一部系统地、旗帜鲜明地宣传资产阶级民主共和国思想的作品，于1903年5月，由上海的大同书局印行。作者邹容，署名"革命军马前卒"。全书共分七章：一、绪论；二、革命之原因；三、革命之教育；四、革命必剖清人种；五、革命必先去奴隶之根性；六、革命独立之大义；七、结论。该书被誉"国民教育之第一教科书"。

❋ ❋ ❋

志当存高远。

——（三国 蜀）诸葛亮

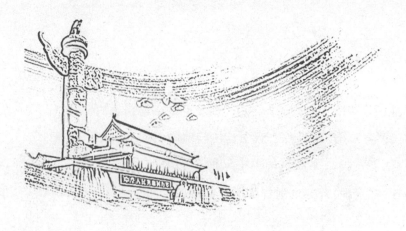

爱妻子,更爱天下人

1911年4月27日,广州城里,一个剪短发、穿西装的青年,正在与几个人低声说话。行色匆匆的路人们,没有注意他们在谈论什么,有心人也只能从他们的口音中,听出他们似乎都是福建人。

这个青年就是林觉民。10天前,他接到同盟会的命令,令其参与广州起义的筹备工作。林觉民匆匆回到家乡福建,召集了一些同乡,急赴广州。3天前,林觉民为了迎接乘船前来的革命同志,又风尘仆仆地赶到了香港。在那里,他遇到了黄兴,战友相聚,激情飞扬。黄兴激动地说:"意洞(林觉民字)来,天赞我也!运筹帷幄,何可一日无君。"

与战友们分手后的那个夜晚,林觉民在灯下写了两封遗书,一封给父亲,一封给妻子陈意映。

　　想到自己的父亲,林觉民充满了内疚。他的母亲去世很早,是父亲一手把他抚养长大。他19岁的时候,为了革命,仅仅留了一封家书就远赴南洋了。父亲看到信后,焦急万分,四处找他。林觉民回来后,看到父亲憔悴的面容,非常心痛,但是他不能对父亲说明真相,只能搪塞过去。此次回乡招募同志,他再次见到了父亲。看到父亲开心的笑脸,他一肚子的话却无法说出口,只能哄骗父亲说自己是陪伴日本同学来中国旅行的。想到父亲含辛茹苦地抚养自己长大,想到自己有可能牺牲,而父亲将要遭受白发人送黑发人的痛苦,他难过得写不出一个字来。但是,为了拯救灾难重重的中国,为了让更多的中国人过上幸福的生活,所有的痛苦只能让自己和家人承受了。

　　给妻子陈意映的遗书,林觉民写在了一方白色的手帕上。他与陈意映感情非常好。陈意映天真烂漫,与他情意相投。比翼双飞是他们二人的共同心愿,所以他们称他俩居住的小楼为"双栖楼"。楼前有陈意映亲手种植的、林觉民最喜欢的芭蕉与梅花。陈意映寄给林觉民的信,落款总是"双栖楼主"。婚后两年,林觉民就离开家人自费去日本留学了,不久便加入了同盟会,更是很少与家人在一起。现在,妻子已怀孕。想到这里,林觉民肝肠寸断,但是他懂得,个人的幸福固然可贵,但是天下人的幸福更为重要。

林觉民将这两封遗书交给了其他同志,他说:"如果我死了,请帮我把这两封信交给我的家人。"这该是一场多么艰难的战斗!而林觉民为革命赴死的决心又是多么坚定啊!

根据同盟会的安排,林觉民与敢死队的战友,一同担负进攻两广总督衙门的任务。

4月27日下午5时30分,起义开始。

林觉民一马当先,与战友们冲进了总督衙门。他们腰缠炸药,手执枪械,一路奋战,迅速打退了守卫的清兵。但是,他们搜遍了所有的角落,都没有找到总督张鸣岐。于是,他们一把大火点着了衙门,然后退出了衙门,继续前进。他们刚刚冲到东辕门,就遇到了清军巡防营的大队人马。敢死队队员们多为书生,没有经过专业的训练,但是他们奋勇杀敌,视死如归,林觉民更是冲在前面,与清兵激战。突然,一颗子弹射中了他的腰部,他踉跄了几下,倒在了地上。林觉民被俘了。

两广总督张鸣岐和水师提督李准会审林觉民。林觉民不会说广东话,便用英语回答问题。他慷慨陈词,从世界局势谈到中国现实,说到激动之处,他捶胸顿足。不等敌人劝降,他高声劝说在座的清朝官吏革除暴政、建立共和。

　　大家都被林觉民震撼了。水师提督李准下令去掉林觉民的镣铐，并且搬来椅子让他坐下讲，自始至终没有打断他。后来，林觉民虚弱得说不出话来，于是向李准要了纸笔，继续陈述。在写到第二张纸时，林觉民情绪激动，以手捶胸，想要呕吐。李准亲自把痰盂捧到他面前。李准觉得林觉民才华横溢，力劝总督张鸣岐为了国家留住这个难得的英才。但是，总督张鸣岐反复考量，觉得林觉民不可能投降，而这样的人才留给革命党，终成大患，最终决定处死林觉民。

　　自此，林觉民滴水粒米不进。数日后，从容就义。林觉民殉国时年仅24岁。后来，在革命人士的努力下，林觉民等烈士的遗体被运至现在的黄花岗烈士陵园处埋葬。他们被后人称为"黄花岗七十二烈士"。

　　林觉民牺牲后不久，林觉民的家人在自家门口发现了一个小小的包裹。打开一看，正是林觉民在香港写下的两封遗书。林觉民死后不到一个月，悲伤过度的陈意映早产，生下一个男孩，取名林仲新。两年后，陈意映抑郁而死。

　　但是，英雄的鲜血不会白流。不到半年，武昌起义爆发，举国响应，清王朝被推翻了。之后，很多人阅读了林觉民的《与妻书》，在他"助天下人爱其所爱"的精神的感召下，为中华民族的伟大复兴而努力奋斗着。

林觉民故居 林觉民故居位于福建省福州市鼓楼区杨桥路86号。故居有三进院落,坐西朝东。第一进与第二进间有一条长廊,长廊两侧种有翠竹。第三进大厅两旁各有前后厢房。天井两旁为自成院落的南、北院。厅与房前有小天井,小天井南端的卧房窗外有花台。

建筑学家、作家、诗人林徽因作为林觉民的侄女,曾经在这里居住过。

后来一个姓谢的人家买了该宅,这里便又成为著名作家冰心(谢婉莹)的故居。

一处民居,三位名人。现在,这里已经被辟为"福州辛亥革命纪念馆"。

❋ ❋ ❋

非学无以广才,非志无以成学。

——(三国 蜀)诸葛亮

为四万万人争人格

1915年5月,袁世凯接受了日本提出的"二十一条",顿时举国上下掀起了反日讨袁的狂潮。

被袁世凯软禁在北京的蔡锷将军,力主拒绝"二十一条"。他秘密到天津会见梁启超,并与主张共和的反袁势力共商大计。他激动地说:"袁世凯快要登基做皇帝了。虽然我们的力量有限,不一定能够抗得过他,但是为四万万人争人格,我们要拼命去干!"

为了反日讨袁,蔡锷首先要从北京脱身、逃离险境,为此,睿智的蔡锷谋划了连环三计。

第一计:美人迷惑计。

小凤仙是京城名妓。她孤傲多才,有一片爱国之心。一天,她正在窗前抚琴,忽然,门帘被掀起,一个人走了进来。此人气度沉稳,没有自报姓名,就与小凤仙攀谈起来。他不凡的谈吐让小凤仙不禁暗暗钦佩。临别时,小凤仙请来人留下墨宝,来人爽快地答应了,挥笔疾书了两副对联:

此地之凤毛麟角,其人如仙露明珠。

不信美人终薄命,古来侠女出风尘。

对联写好之后,小凤仙请求道:"请先生署名。"来人答应。小凤仙一看署名是"松坡"(蔡锷,字松坡),顿时喜出望外。原来此人就是大名鼎鼎的蔡锷。她仰慕蔡锷将军的才华与爱国之情,答应与蔡锷一起表演一出戏。

当日,一个密报被呈给了袁世凯:蔡锷乔装成富商,与名妓小凤仙一见倾心。

袁世凯老谋深算,看完密报后将信将疑地说:"如果松坡真的流连烟花巷,我倒是可以高枕无忧,就怕他醉翁之意不在酒呀!"他嘱咐亲信继续严密监视蔡锷,随时向他报告。

一连数日,蔡锷都流连在小凤仙处。他们喝酒唱歌、吟诗作画。他们一起购买金饰玉器,蔡锷为小凤仙一掷千金,因此,蔡锷被称为"风流将军"。

亲朋好友纷纷劝诫蔡锷不要沉湎于声色,他一笑了之;流言蜚语沸沸扬扬,蔡锷置若罔闻。大家感叹,蔡将军

在温柔乡、美人怀中堕落了。实际上,在小凤仙的掩护下,蔡锷与京津反袁势力的联络、与西南军政的密电往来非常密切。

第二计:婚变保家计。

当时,和蔡锷将军一起被困在京城的,还有蔡锷的母亲、夫人和子女。为了不让这些亲人成为人质,为了能更无牵无挂地投入反袁斗争,蔡锷决定与家人合演一场婚变戏。

蔡夫人支持丈夫的决定,但是有些担心,她说:"我不会演戏,做不了假,怕露出破绽,耽误了你的大事。"

蔡锷看着自己深明大义的夫人,轻轻地替她拢了拢发丝,说:"难为你了,这实在是不得已,咱们不能坐以待毙。你忘了前几天家里发生的事情了吗?"

蔡锷这么一说,蔡夫人想起来了,前些天,家里突然来了一伙人,他们翻箱倒柜的,但是没有拿值钱的东西,倒像是在找什么东西。蔡锷分析,他们是来寻找自己和革命军联络的证据的。显然,袁世凯对蔡锷不放心,对他动手是早晚的事情。

蔡夫人轻轻地点点头:"我懂。你放心,你怎么说,我就会怎么做。"

他们放低了声音,仔仔细细地讨论着细节,直到破晓。

第二天,街头流传的一个消息,让好事者交头接耳。

"听说了吗？蔡府昨夜闹翻天了！"

"都是那个小凤仙惹的事。听说蔡锷为了她要闹离婚！"

"不是，不是，是蔡夫人容不得蔡将军流连妓院，出口相劝，结果惹怒了蔡将军！"

"什么将军呀！他还打了蔡夫人呢！"

"可热闹了，听蔡府的厨子说，蔡夫人也不是好欺负的，把家里的瓷器砸了一大堆。"

"估计这家的日子过不下去了。唉，好端端的一个家毁啦！"

友人、邻居闻讯登门，看到蔡府里一片狼藉，夫妻二人伤痕累累，家里乱得一团糟。大家左劝右劝，可这二人谁也听不进去。最终，蔡锷以高额的赡养费作为补偿，与夫人离了婚，蔡母恨儿不争气，又舍不得孙子，与蔡夫人一起离京。随后蔡锷直奔八大胡同小凤仙处。

当袁世凯看到报纸上刊登的蔡锷家变的新闻与离婚启事后，哈哈大笑，说："松坡家事如此之乱，哪里还有闲心理国事。"

但是，袁世凯对蔡锷的监视，并没有因此而放松。

第三计：托病脱身计。

家人的离开,解除了蔡锷的后顾之忧,他可以放手一搏了。

在外人眼里,或许是因为婚变,蔡锷病倒在小凤仙的住所。每天,他背对着窗子,躺在床上休息。其实,他在通过穿衣镜观察外边的动静。一天,蔡锷走出了房间。他走的时候,衣服仍挂在衣架上,怀表也没有拿走,监视他的人以为他方便去了,很快就会回来,没想到蔡锷一去不复返。

蔡锷逃离北京后,住进了天津的医院。他事先写好的请假报告被送到了袁世凯手中。表面上,袁世凯批准了蔡锷的病假,但是,私下里,他枪毙了失职的侦探,同时派人火速赶赴天津,抓蔡锷回京。

就在袁世凯抓捕蔡锷的时候,蔡锷开始行动了。他乔装打扮,身着和服,登上了日本商船,东渡到了日本。

随后,一封加急信被送到了袁世凯的面前。信是蔡锷所写,他在信中说:"家庭变起,郁结忧虑,致患喉痛、失眠之症,欲请假赴日就医,又恐公不我许,故微行至津东渡。"

紧接着蔡锷从日本寄来一封又一封信:

某日,蔡锷游览了某处名山;

某日,蔡锷参观了某处名胜;

某日,蔡锷与友人共游某湖……

其实,这都是蔡锷安排好的,他请他的日本友人,将自

己事先写好的十几封亲笔信,隔日邮寄给袁世凯。而他自己,则辗转从越南境内乘车进入了云南。一直到蔡锷秘密到了昆明,这些信还没有寄完!所以,当袁世凯获悉蔡锷潜赴云南的时候,大吃一惊,简直无法相信。

袁世凯捶胸顿足地说:"我一生骗人,没有想到今天被蔡锷欺骗。"他立即制订了在云南沿途暗杀蔡锷的计划。不过,在朋友的保护下蔡锷还是安全抵达昆明。

不久,蔡锷将军建立了维护共和政体、反对复辟帝制的"护国军",宣告云南独立,发动护国战争,正式举起了反袁的正义之旗。蔡锷担任护国军第一军总司令,他亲自率军进入四川,夺取宜宾、泸州等地,然后向北攻占成都,向东攻占重庆,与护国军其余各部会师武汉。护国军以较弱的兵力,在粮饷、弹药匮乏的情况下与号称精锐的北洋军奋战数月,牵制了北洋军主力,阻止了北洋军的推进,有力地配合了其他方向军队的行动,推动了全国反帝制运动的发展、壮大。1916年3月22日,袁世凯被迫宣布取消帝制。

护国战争结束后不久,蔡锷病重,于1916年11月8日,病逝于日本。他在遗嘱中表达了自己对国家和人民的关心、对部下的体恤,并要求薄葬。这位护国讨袁的将军,心系理想直至生命的最后一刻。

护国岩 护国岩位于四川省泸州市纳溪区护国镇永宁河西岸。护国战争中,蔡锷因病在永宁河畔休养。面对滚滚江水,他心潮起伏,挥毫写下了"护国岩"三字,并作《护国岩铭》及其序文。之后,他让人将该文铭刻在永宁河岸的山岩上,作为纪念。

1991年,"护国岩题刻"被四川省人民政府列为重点保护文物。

❋ ❋ ❋

人生应该如蜡烛一样,从顶燃到底,一直都是光明的。

——萧楚女

江西革命第一个牺牲者

"这伙人竟然是骗子!"赵醒侬愤怒地喊叫着。

这是怎么回事?谁是骗子呢?

赵醒侬是旧上海一家店铺的伙计。他出生在江西一个贫寒的裁缝家,在苛捐杂税、地租利钱的重重盘剥下,虽然父亲辛苦劳作,但是家里依然入不敷出,穷困不堪,因此,他的一个弟弟也被过继给同族人。而赵醒侬自己被迫在汉口、长沙、常德等地当学徒。他每天劳动 10 多个小时,还要帮老板娘抱小孩、为老板扇扇子,吃的是残羹剩饭,穿的是破衣烂衫,睡的是门板。但是,读过几天书的赵醒侬没有放弃学习,没有放弃自己追求的梦想。他来到上海,渴望在这里努力、奋斗,走上一条光明之路。

但是,现实是残酷的。他想上学,但身无分文,付不起

学费；想就业，因没有一技之长而无人聘用。为了生存，赵醒侬只好白天到街头卖报，晚上去戏院跑龙套，夜里没有地方睡，就蜷缩在小菜市场里或屋檐下。有时被巡捕驱赶，他就只能整宿地在马路上走。后来，赵醒侬在一家小店里当了伙计。五四运动让赵醒侬看到了新希望，他将自己的名字由"性和"改为"醒侬"，表示自己的觉醒。

当时，上海出现了很多工会组织。其中，一个名叫"上海工商友谊会"的宗旨是"自由平等、博爱互助"，主张是"一点一滴改造社会"。赵醒侬被这样的宗旨和主张吸引，便加入了"上海工商友谊会"。

赵醒侬积极参加工会活动，在集会上发表激情洋溢的演讲，和会友们一起学习、讨论。但是，渐渐地，敏锐的他发现了上海工商友谊会打着工人解放的幌子，骗取了工人们的信任，却没有为工人们做任何事情。更令人发指的是，上海工商友谊会竟然偷偷领取资本家的津贴。

他愤怒了！于是有了本文开头的一幕。

看清了骗子们的嘴脸，他与上海工商友谊会彻底决裂了。但是，这让赵醒侬感到更加痛苦、茫然：真正光明的道路在哪里呢？

1921年，中国共产党诞生了。在黑暗中摸索的赵醒侬接触共产党人,阅读进步书刊,很快地,他加入了中国社会主义青年团。同年,赵醒侬转为中国共产党党员。

1922年初,在上海《先驱报》编辑部,赵醒侬遇到了一个年轻人。这个年轻人在编辑部里侃侃而谈,他深邃的思考、火热的激情引人瞩目。这个人就是方志敏。

当方志敏走出编辑部的大门时,看到了一个个子不高、学徒模样的人站在门口,他面容黑瘦,身穿粗布衣服,戴着一副近视眼镜。

正是赵醒侬在等他。简短的攀谈后,方志敏就被赵醒侬谦虚、稳重的气质所吸引。原来他们都是江西人,有着共同的理想。他们边走边谈,来到了赵醒侬的住所,他们继续交谈,不知不觉,一个下午过去了;不知不觉,一个晚上过去了。方志敏觉得赵醒侬诚恳、亲切,善于思考,是自己的良师益友,也像自己的亲人。

在赵醒侬的介绍下,方志敏加入了中国社会主义青年团。和赵醒侬一样,方志敏很快转为中国共产党党员,真正走上了革命的道路。不久,赵醒侬以党组织的名义委派方志敏返回江西开展革命活动。他们挥手告别,方志敏踏上了新的革命征程。

过了几日,赵醒侬化名为"赵兴隆",以小商人的身份

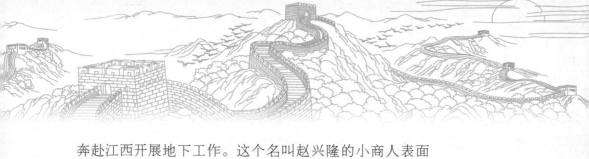

奔赴江西开展地下工作。这个名叫赵兴隆的小商人表面上忙忙碌碌,生意也很红火,其实为了开展革命工作,他几乎赚不到什么钱。赵醒侬将收入用于办刊物、搞活动、资助他人。一次,他将刚刚得到的6元生活费分了一半给一位同志。这位同志知道他需要养一家老小,生活非常困难,执意不收。赵醒侬严肃地说:"这是组织上的决定,你必须收下。"这位同志只好收下。由于条件艰苦,他家经常断粮。一次,赵醒侬的同事去他家,看到赵醒侬的爱人正在望着一锅煮沸的开水发呆,便问:"嫂子,你在干什么?""唉,家里实在找不出什么可以下锅的东西了。"赵醒侬的妻子无奈地说。赵醒侬的同事连忙说:"没事,我带了块水豆腐来。"其实,只有一碗水豆腐,抓一把盐,咸了;添一碗水,又淡了……就这样,水多加盐,盐多加水,一碗水豆腐竟煮了一盆豆腐汤,但是大家在一起吃着,就像吃山珍海味一样开心。

夜晚,是赵醒侬最繁忙的时候。他小心翼翼地拿起一张张信纸,凑到煤油灯下小心地烘烤。渐渐地,一行行密密麻麻的黄色的小字出现了,原来这是秘密文件。文件上有中央的各种指示,有基层组织的情况汇报。赵醒侬仔细地审看、比照、分析了这些文件后,拿起笔写好一封封关于

生意的回信，签上"赵兴隆"的大名。再用毛笔蘸上明矾水，在同一张信纸上写上给党中央的工作汇报或给基层组织的决议指示。一个一个的夜晚经常就这样过去了。

清晨，揉着布满血丝的眼睛，赵兴隆寄出了一封封生意信件。人们还以为"赵老板"是在通宵达旦地筹划他的生意经呢。就是这样，党中央与江西之间的许多重要文件顺利地传递着，多项革命工作在赵醒侬的安排下，有序地开展着。

随着革命工作的开展，赵醒侬在南昌开办了文化书社，传播马列主义；开办了"明星书店"，向广大群众推荐党的刊物及其他宣传马列主义的书籍和刊物；创办了"黎明中学"，作为中共江西地方组织培养干部和掩护党的活动的秘密机关，并输送了一批党团员到黄埔军校、广州农民运动讲习所，甚至到苏联学习。与此同时，他非常注重群众运动的开展。在悼念孙中山的活动中，他和同志们一起向群众散发了大批宣传品，广泛宣传"联俄、联共、扶助农工"的政策和打倒帝国主义、废除不平等条约等主张，掀起了一个全省性的宣传革命的政治运动；在五卅惨案后，他组织了大规模的游行示威，在整个江西省掀起了轰轰烈烈的群众性的反帝爱国运动。当时江西的进步刊物，几乎都是由赵醒侬创办或者领导的；当时江西的革命运动中，几

乎都能看到他的身影。

可是,赵醒侬在推动革命事业向前发展的同时,也渐渐地进入了敌人的视野里。

1926年7月,国民革命军出师北伐,不久占领长沙,威震江西。北洋军阀孙传芳集中全部兵力,疯狂地镇压革命力量。

8月的一天,赵醒侬去明星书店办公的路上,被便衣侦探拦住了去路,押送到了稽查处。紧接着军警又查封了明星书店、黎明中学等处。江西警备司令刘焕臣亲自审讯赵醒侬,并对他严刑拷打,妄图让赵醒侬招认自己是共产党的宣传员。

但是,赵醒侬严守党的秘密,誓死不吐露任何情况。不久,北伐军开始向江西推进,逐渐逼近南昌。北洋军阀感到威胁将至,对坚贞的赵醒侬又万般无奈,便以"宣传赤化,图谋不轨"的罪名判处赵醒侬死刑。1926年9月16日,在南昌德胜门外的芝麻田里,赵醒侬高呼着"打倒帝国主义""打倒军阀"的口号,英勇就义!

赵醒侬牺牲后,方志敏沉痛地写下诗作《祭醒侬》,并称他为"在江西,为争取中华民族独立解放的革命运动的第一个牺牲者"。

> **知识链接**
>
> **江西三杰** "江西三杰"指的是赵醒侬、方志敏、袁玉冰三人。他们同为江西人,都是中国共产党早期的革命活动家。他们是江西最早的马克思主义传播者,也是江西地方党团组织主要创始人。

※ ※ ※

人生最高之理想,在求达于真理。

——李大钊

我是宝剑,我是火花

如果你来到北京陶然亭公园,一定会看到两座汉白玉墓碑,其中一块墓碑上刻着这样的诗句:

> 我是宝剑,
>
> 我是火花,
>
> 我愿生如闪电之耀亮,
>
> 我愿死如彗星之迅忽。

这是革命烈士高君宇写在自己照片上的一首言志诗,也是他短暂而光辉一生的真实写照。

高君宇自小就聪慧而勇敢。辛亥革命伊始,高君宇就和大哥、父亲一起剪掉了辫子。村里人看见他们三个人这样做,都惊恐地说:"你们剪掉辫子,倘若朝廷回来,那可是大罪。"小小的高君宇幽默地反问道:"那倘若革命党来了呢?"还有一次,高君宇看到母亲强行给9岁的妹妹裹脚。妹妹疼得又哭又喊。高君宇为妹妹求情不成,便跑到院子里,抓住母亲平日里最喜欢的一只老母鸡,用石头砸鸡爪子。母鸡疼得"咕咕咕"直叫,满院乱跳。母亲听见,连忙跑出来看发生了什么事情。一看,原来是高君宇捣乱,母亲气得一边骂,一边仔细查看母鸡的情况。高君宇赶紧溜进屋子,给妹妹松开了裹脚布。等母亲回到屋里,高君宇趁机劝说:"砸坏鸡脚,您就心疼。难道把自己的亲生女儿的脚缠坏了,您就不心疼吗?"听了这话,母亲便不再给妹妹裹脚了。

长大后,成绩优异的高君宇,进入了北京大学英语系学习。经过五四运动的洗礼,高君宇日渐成熟,他担任学生联合会代表,领导同学斗争;他为营救被捕的同学四处奔走;他到天津发动抵制日货的运动;他到山西指导学生运动。大量艰辛的工作,让本来就不强壮的高君宇身体越来越差。

1919年的秋天,在北京最美丽的季节,人们可以看见一个瘦弱的身影频频出现在邓中夏主持的平民讲演团的讲演活动中。

讲台上,他激情洋溢地进行着宣讲,深入浅出的话语打动了在场的每一个人;讲台下,他倾听着大家的发言,温和而坚定地鼓励着大家。秋风吹动了他的长袍,细心的人发现他脸色苍白,不时地轻声咳嗽。他就是高君宇。

几位同志担心而焦灼地看着高君宇,因为他们知道,高君宇因为疲劳过度已经吐血了。直到夜色已深,讲演才结束。

当疲惫的高君宇被同志们强行送上黄包车时,他身上一丝力气都没有了。胸口阵阵剧痛,让他喘不过气来。喉头一腥,他用手帕捂住了嘴。不用再看,他就知道自己又吐血了。但是他没有吭一声,生怕同志们担忧。

那一晚,高君宇依然在灯光下,为第二天的讲演赶写着小册子。同志们心疼他,要他休息。他只是笑笑,说:"老毛病了,不打紧。反正也睡不着,不如做点事情。"

连续数日,他奔波在北京的东城、西城、郊区的许多地方,他热情澎湃的讲演让许多群众热泪盈眶。

曾经有一个亲戚去看望他,由于他忙着工作,竟然让亲戚等了数个小时才一起吃饭。在饭馆里等着上菜的时候,高君宇告诉亲戚这是他平日吃饭的小饭馆,味道好,价格便宜,还能按月结算饭钱。细心的亲戚翻看饭店的账本，发现好多天都没有高君宇吃饭的记录，于是关心地问他这是怎么回事。高君宇回答说："工作忙时，在饭馆吃饭会耽误时间，有卖烧饼或烤红薯的路过门口时，买上一两个，喝点开水，就行了。"亲戚心疼地劝他一定要注意身体，对于亲戚的关心，高君宇虽然很感激，但还是没有放在心里。

高君宇工作更加繁忙了：在北京，成立"马克思学说研究会"，成立共产主义小组，成立北京社会主义青年团；在山西，成立太原社会主义青年会；到苏联，参加远东各国共产党和民族革命团体代表大会；到广州，参加中国社会主义青年团第一次全国代表大会……人们几乎忘记了高君宇一直在带病工作。同时，他的革命活动也引起了反动当局的"重视"。

1924年5月，一场搜捕开始了。

在高君宇的临时住所外，特务们已经埋伏好了，他们中的每个人都早已明确了高君宇的相貌特征，书生模样的人是他们抓捕的重点。根据情报，他们确定高君宇就在院子里，院子的前门、后门都已经封锁了。

天微微有些亮了。院门开了，一个厨子模样的人打着呵欠走了出来，穿着油乎乎的衣服，胳膊上挎着一个买菜

的篮子。他缩着脖子,好像还没有睡醒,但是脚步一直没停,目标应该是街角拐过去的菜市场。

看到蹲守的特务,这个厨子吓了一跳,露出一副胆小怕事的样子。他眨眨眼睛,又有所领悟似地点点头,顺着墙根走了过去,走了几步,又偷偷地回头看看。

特务们互相对视了一下,摇摇头:这个人不是高君宇,看他那胆小的样子。

时间一分一秒地过去了,整整一个时辰过去了,大街上开始人来人往了。特务们有些着急了,不能再等了。可当他们冲进高君宇的屋子里时,只看到屋里的火盆里有一堆灰烬,灰烬已经凉了。这肯定是高君宇烧毁的文件。

高君宇跑了!这时候,特务们才恍然大悟,那个看似胆小的厨子,原来就是高君宇这个书生化装的。而此时的高君宇,已经登上了赶往太原的列车。他接受党的委派去山西创建地下党组织了。

半年后,高君宇又出现在了北京。这一次,他是陪同孙中山和宋庆龄北上的。他抽出时间,匆匆地将一个子弹壳和一包玻璃碎片送给他曾追求的石评梅当作纪念物。原来,在广州,高君宇协助孙中山先生平定"商团叛变"。战斗中,敌人的子弹击穿车窗,从他的胸前划过。他乐观

地将子弹壳和碎玻璃收藏,作为自己战斗的纪念。

当石评梅和熟悉他的人见到他时都吃了一惊——高君宇异常消瘦。唯有那双大大的眼睛,依旧闪烁着热情而坚毅的目光。

刚刚抵达北京,他就投入了工作。一天,大家正在紧张地工作。突然,"咣当"一声,一直在伏案工作的高君宇倒在了地上。人们连忙扶起他,发现他已经晕过去了,一摸额头,竟然热得烫手。

大家连忙把他送到医院,原来他的肺病复发了。他持续高烧,吐血不止。可数日后,当一些同志、朋友闻讯赶到医院来看望他的时候,竟然发现已是人去床空。原来高君宇不顾医生的反对,执意出院赶去上海参加党的会议了。

1925年3月,高君宇又出现在了在北京。3月3日,他倒在了会场上。没有人知道他到底是如何忍受着剧痛,积极热情地参会的。犹如压倒骆驼的最后一根稻草,小小的阑尾炎终于打垮了他羸弱的身体。这一次,年仅29岁的高君宇再也没能走出医院。

高君宇去世后,石评梅痛悔当初没有接受他的求爱。于是,石评梅创作了《墓畔哀歌》一诗,表达她对高君宇的刻骨思念:

假如我的眼泪真凝成一粒一粒珍珠,
到如今我已替你缀织成绕你玉颈的围巾。
假如我的相思真化作一颗一颗红豆,
到如今我已替你堆集永久勿忘的爱心。
我愿意燃烧我的肉身化成灰烬,
我愿放浪我的热情怒涛汹涌,
让我再见见你的英魂。

3年后,石评梅由于过度悲伤和患乙型脑炎,失去了她年仅27岁的生命。人们根据她的遗愿把她安葬在高君宇墓旁,碑上铭刻着"春风青冢"几个字。

岁月匆匆,至今人们还在凭吊着高君宇与石评梅,为高君宇的革命精神,也为他们坚贞的爱情。

高君宇、石评梅之墓　高君宇、石评梅之墓位于北京市宣武区陶然亭公园石桥南锦秋墩的北坡前。

高君宇因为积劳成疾,在1925年3月5日病逝于北京协和医院。根据他生前的遗愿,人们把他的灵柩安葬在

陶然亭,用3块洁白的大理石砌成一座方锥形的墓碑,他的胞弟高全德亲笔撰写碑文。石评梅病逝后,和高君宇并葬在一起。

"文化大革命"中,墓碑被拆除。1984年,经北京市批准,由北京市园林局、北京市文物局在原址西侧重修了高君宇、石评梅的墓地。1986年,北京市团委等16个单位在墓地原址上建造了高君宇、石评梅半身大型雕像。

❈ ❈ ❈

古之立大事者,不惟有超世之才,亦必有坚忍不拔之志。

——(宋)苏轼

刑场上的婚礼

这是一场非凡的婚礼!见证新郎与新娘爱情的不是祝福的礼炮,而是敌人的子弹。

当敌人黑洞洞的枪口对准周文雍、陈铁军这对年轻的革命伴侣时,他们丝毫没有退缩。陈铁军这个出身于华侨富商家庭的女子,如同她的名字一样,坚韧而顽强。看着身边儒雅而冷静的周文雍,陈铁军仿佛又回到了他们第一次相遇的那一刻。

当时的陈铁军,还是一个追求进步的大学生,她关心国家、民族的命运,参加了中国共产党。在"四一五"反革命事件之后,党组织派陈铁军到广州,帮助中共广州市委工委书记周文雍工作。为了革命需要,他们假扮为夫妻。

在一个风雨如晦的夜晚,他们第一次相见。初次见到周文雍,陈铁军心里有一丝诧异。她早就听说过周文雍的大名,知道在石龙镇激战中,周文雍组织慰劳队赴前线劳军,遭遇了机枪的火力封锁,他带领大家俯身冲过铁桥,浴血苦战,缴获了一挺轻机枪;知道他机智聪慧,筹集资金在广州建起了一批简易棚屋,作为共产党领导的工会大本营,吸引了很多普通劳动者,非常有名。因此,她觉得这样一个老革命应该岁数很大。而周文雍本人却年轻清瘦、温文尔雅。不过看到他干练的样子,陈铁军暗暗下决心,一定要好好向他学习。

其实,第一次见到陈铁军时,周文雍心里也暗暗吃惊。他也早就听说过陈铁军的事迹。1927年,邓颖超在广州住院期间,发生了反革命政变,身为中共支委的陈铁军冒死爬过墙头,摆脱敌人的追捕,从城内跑到西关,通知邓颖超撤退。所以,当第二天搜捕开始时,邓颖超已经在陈铁军护送下,安全地登上了开往香港的船。周文雍想,这个背叛自己家庭的女同志,这个冒着生命危险帮助邓颖超安全转移的女同志,应该人如其名般强悍,谁知道却是一个娇小柔弱的女孩子。

从那时起,他们并肩工作。白天,他们四处奔波,开展

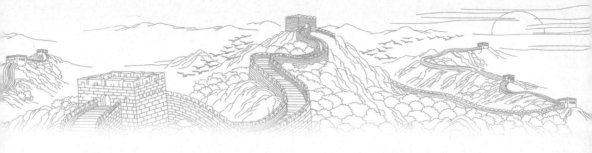

党的各项工作；夜晚，他们秘密地开会、写文件。稍有空闲，他们在一起读书，一起讨论。烛光下是他们沉浸在对美好的共产主义向往中的幸福面庞。

他们默默地关心彼此：天冷了，周文雍为陈铁军买了手套；夜深了，陈铁军为周文雍做好夜宵；回来晚了，周文雍总会在巷口等着陈铁军；起来早了，陈铁军总会站在窗口，点上灯火，照亮周文雍出门的路。爱情就这样在他们心间慢慢地滋生，但两个人谁也没有说出口。

一天早上，两个人如往常一样一起吃早饭。周文雍从厨房端出一个小碗，里面是两个煮好的鸡蛋。这让陈铁军有些诧异，为了给党节约经费，他们一直非常节俭，已经很久没有这么"奢侈"了。看到陈铁军诧异的表情，周文雍突然有点羞涩，这个经历过广州起义硝烟的坚强男子，脸竟然有些泛红，他说："今天是你的生日，祝你生日快乐！"陈铁军一下子呆住了。生日？自从参加革命以后，她从来没有过过生日，自己也早已忘记了要过生日。而日夜奔波、忙碌的周文雍竟然为她准备了生日礼物。她拿起还温热的鸡蛋，哽咽了。周文雍勇敢地握住了她的手，这个从来不曾逾越同志界限的人，紧紧地将陈铁军拥入了怀中。陈铁军流下了幸福的泪水。周文雍轻声说："让我们等到胜利的那一天。"陈铁军用力点了点头。

他们没有向组织申请结婚，因为有太多太多的事情需要去做。他们坚信，当胜利的那一天到来时，他们会像每一对平凡而幸福的夫妻那样，真正地在一起。之后，他们开始紧张地筹备广州武装起义。

周文雍遵照党的指示，在广州建立工人秘密武装，参加起义政治纲领和口号的起草，同时担任广州起义工人赤卫队总指挥。陈铁军积极地参与广州起义的准备工作，参与研究起义的方针政策、草拟文件。在忙碌的工作之余，她还带领女工赶制起义用的红巾、苏维埃政府的红旗，好让革命者佩戴着鲜红的标志物、广州的大街小巷飘扬着革命的旗帜。

1927年12月11日凌晨，在张太雷、叶挺、恽代英、叶剑英、杨殷、周文雍、聂荣臻等人的领导下，广州工人阶级和革命士兵举行的震惊中外的广州起义爆发了。随即"广州苏维埃政府"建立了。周文雍被选为广州苏维埃政府人民劳动委员兼教育部部长，陈铁军担任中共广州市委秘书。

广州起义爆发后，各种反革命力量，包括帝国主义在广州的海军、陆军勾结起来，向新生的苏维埃政权疯狂反

扑。12月12日下午,由于力量悬殊,广州起义最终失败了。周文雍率领部分起义武装,与10多倍于自己的敌人短兵相接,最终突围。他们撤离广州,辗转到香港。

1928年1月,周文雍化装成一个刚从南洋回来的华侨商人,与陈铁军仍然扮成夫妻,返回广州,重建党的机关和组织。

可是,由于叛徒的告密,他们暴露了。

当敌人包围了他们的住所时,陈铁军与周文雍没有惊慌,他们销毁了所有的机密文件,将表示危险的信号——花盆放在了窗台上。

敌人冲进来后,看到了这对镇定的"夫妻"正在安静地吃着早饭。当敌人要给他们戴上手铐的时候,周文雍拿起一条厚实的白色围巾,温柔地为陈铁军戴上,说:"天冷。"陈铁军望着他,千言万语无从诉说,只是默默地点点头。

在敌人的监狱里,面对一次又一次的严刑拷打,陈铁军没有屈服。当陈铁军躺在监狱冰冷的地上时,她总是拿起那条围巾,将它轻轻地贴在脸上,仿佛那里还有着周文雍温暖的气息,这一刻,一切的伤痛仿佛都消失了。她从不担心周文雍会招供,因为她比任何人都了解这个看似瘦弱的男子有着怎样坚定的信念,她只是心疼他,遗憾他们还没有来得及举行一场婚礼。而周文雍正如陈铁军所想的一样,坚强不屈,经受住了一次又一次严刑拷打。在监狱的墙上,他留下了"头可断,肢可折,革命精神不可灭。壮士头颅为党落,好汉身躯为群裂"的豪迈誓言。

一个又一个白天过去了,一个又一个夜晚过去了,陈铁军以为自己只有在梦中才能见到周文雍了。她做好了准备,准备着一场没有告别的离别。

1928年2月6日下午,敌人把周文雍、陈铁军押到广州红花岗刑场,陈铁军看到了周文雍。

不顾身上的伤痛,不顾敌人的凶残,陈铁军扑向了周文雍。两双手紧紧地握在了一起。他俩互相凝视,没有惊慌与泪水,只有镇定与微笑。不需要更多的交流,两个人在此时心意相通。

陈铁军深情地凝视着她的亲密战友周文雍,将那条围巾披在他的身上,然后她高声向前来"送行"的群众说:

"亲爱的同胞们,姐妹们!我们的血就要洒到这里了。为了革命,为了民众的解放,为了共产主义的伟大事业而牺牲,同胞们啊,我们一点也没有感到遗憾!

"同胞们!过去,为了革命事业的需要,党派我和周文雍同志同住一个机关,我们的工作合作得很好,我们

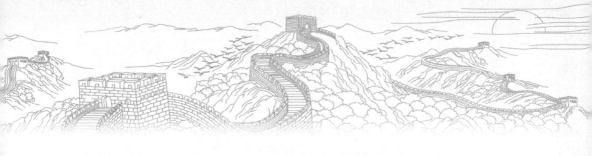

的感情也很深。但是，为了革命的利益，我们还顾不上谈私人的爱情，因此，我们一直保持着纯洁的同志关系，还没有结婚。

"今天，我要向大家宣布，当我们把自己的青春和生命都献给党的时候，我们就要举行婚礼了。让反动派的枪声，来做我们结婚的礼炮吧！"

周文雍含笑望着自己的爱人，把他收藏的广州起义时用的红巾，轻轻地拴在两个人的脖子上。他们微笑着，手挽手、肩并肩地站立在刑场上。

周文雍、陈铁军牺牲的消息传来，邓颖超痛哭失声。周恩来沉思良久，感叹道："这是人间最纯真、最高尚的爱情。"

他们英勇就义时，周文雍年仅 23 岁，陈铁军年仅 24 岁。这一对革命情侣，为革命理想，奉献了生命，奉献了爱情，奉献了婚姻，他们是真正的无私的革命者。

血祭轩辕亭 血祭轩辕亭建于1957年,位于广州起义烈士陵园东湖中央,是为了纪念广州起义领导人的周文雍、陈铁军烈士而建的。

亭檐下,高高地悬挂着由董必武题写的"血祭轩辕"匾额,让后人铭记周文雍、陈铁军的英雄事迹,牢记他们"我以我血祭轩辕"的革命精神。

❋ ❋ ❋

锲而舍之,朽木不折;锲而不舍,金石可镂。

——(战国)荀子

党的第一位农协当家人

1921年的秋天,萧山县衙前村的东岳庙里人声鼎沸。一个60多岁的老农民被人们围在中间,他叫李成虎。

"这不是村里老李家的老大吗,这老头,脾气倔,人可是老实呢!"

"是呀。这个李老头人可忠厚了,快听听,他在说什么。"

"对,大伙好好听听,他的话可信。"

一群天天埋头在田里的泥腿子们,头一次这么认真地听着。李成虎在乡亲们中间很有威信,尽管他家里没有一亩田地,只能长年累月靠租种地主田地、打短工,以及妻子纺土纱、织土布艰苦度日,但是,他喜欢打抱不平,乐于助人,村里有什么事情,总是请他出面解决,大家尊称他为"成虎公"。

"唉！李老头说的都是实话呀，咱们农民成年累月地在田里拼命干活，但是这日子过得苦呀，地主和官府催租、逼债，谁家没卖儿卖女过呀！"

"这是咱们命苦呀！"有人忍不住掉了泪。

"什么，李老头说要斗争？什么是斗争？"

"要组织什么农协委员会，这是什么？"

"不知道，不明白。"

"别说话，接着听。他说的都是咱们的心里话。"

李成虎沉着地对大家说："改变不合理现状的办法就是成立农协委员会，大家团结起来同地主豪绅开展斗争。人多力量大！"他又进一步说："好要大家好，有要大家有，要少交租、有饭吃。只要大家心齐，就一定能办好农协委员会。"这下大伙都听明白了。既然活不下去了，干脆跟着李老头干。

胆小怕事的人问道："这样搞起来会不会闯祸？"李成虎坚定地回答："不要怕，有祸我担着！我老了，不要紧。"

浙江省第一个农协，就这样诞生了。响亮的宣言在东岳庙里响起："我们终不忘记世界上的劳作生产是我们的责任。我们不要忘记世界上的土地该归农民所组织的团体保管分配。"或许很多加入农协的农民还不明白宣言的含义，但是在反复的诵读中，他们知道宣言中有他们的期望与梦想。

农协章程挂起来了,认字的人给大家一字一句地读着:"凡本村亲自下力气耕种土地的,都得加入本协会为会员。会员每年完纳租息的成数,由农协议决公布。租息成数,以收成及会员平均的消费所剩的作为标准。"

"同意!""同意!"农协会员们的呐喊声响彻庙宇。

东岳庙里大大小小的菩萨被搬出去,扔进了河里。从这一天起,农协要在这里办公了,既然神灵不能给农民庇护,那么农民们要开始为自己的幸福奋斗了。

李成虎满含热泪地看着和自己朝夕相处的村民们。他也曾经和他们一样茫然而痛苦,幸好遇到了回乡发动农民运动的沈先生,幸好参加了农民夜校,懂得了"一根麻秆容易折,一捆麻秆就折不断"的道理和很多革命真理。那次,李成虎和好几个农民因一直拿不到上年被油坊老板赊购去的油菜籽钱,无钱买肥料,非常着急。沈先生拿出钱给他们救急,并趁机启发他们说:"这笔钱本来不是我的,这是你们给我的田租,都是你们农民自己的血汗。"其他人拿着钱都高兴地走了,只有李成虎捧着这些钱失声痛哭,哽咽着说:"我看着这钱心痛啊!"沈先生又教育他,农民的血汗钱大多落入地主手中,要想过上好日子,拿回自己应得的钱,就要组织农协,团结斗争。沈先生帮农协制订章程,还出钱给他们做活动经费。在沈先生的教育和鼓动下，李成虎虽然60多岁了，还走村串户，和农民兄弟促膝交谈，一起讨论：为什么地主不劳动，却吃得好、穿得好、住得好？为什么农民做牛做马，却要讨饭度日、借债活命？在讨论中大家明白了，只有团结起来与地主抗争，才有出路。李成虎在农户中做了大量组织工作，为农协的最终成立打下了坚实的群众基础。

"听说了吗？衙前西曹村的李老头牵头办了农协，是为咱们农民办事的。"消息好像长了腿，上门学习的农民络绎不绝。很快地，80多个村子相继成立了农协。农民们被组织起来，开展减租、反霸、抗捐、捣毁奸商米店、平抑粮价等革命行动。在李成虎的带领下，农民面对面地和绍兴知事说理斗争："既是公河，为啥不准农民养鱼、捕鱼？"理屈词穷的知事不得不写下了同意萧山农民在西小江养鱼的字据。

一下子，李成虎成了让农民爱戴、土豪劣绅痛恨的"虎将"。

豪绅地主们再也坐不住了，他们连忙聚在一起商量对策。秘密商讨后，他们勾结绍兴、萧山两地的知事，向绍兴反动军阀第3旅和省政府诬告农协，要求派兵镇压。

1921年12月28日，各村农协正准备在东岳庙里开会。突然，一大批军警闯了进来，不由分说，见人就打，见人就抓，还收缴了农协的名册。

一场大搜捕接踵而来。他们抓捕农协会员,查抄、封闭农协,数百人被抓,上万人逃亡。

可李成虎却不听家人、朋友的劝告,不愿逃走而选择了留下,继续斗争。在他的领导下,2 000多名农协会员再次举行了一场减租抗捐活动,给予反动派有力的回击,让他们看到了真正的农民的力量。

12月27日,李成虎家中来了几个农民,说有重要的事情要和李成虎商量。李成虎不疑有诈,放下饭碗,拿起毡帽就出了家门。

没走多远,这几个人就变了脸,掏出手铐铐住了李成虎,恶狠狠地说:"知事请你走一趟。"李成虎明白,敌人对他动手了,他没有惊慌,镇定地说:"去就去,有什么!"

知事庄纶仪亲自审讯他。李成虎毫不畏惧地说:"我就是农协的李成虎,农协就是我组织的,三折租就是我提的,怎么样?要杀就杀!"庄纶仪气得浑身哆嗦,大声吼叫:"我赏你手铐、脚镣,把你送到省城大牢,要你的命!"

监狱里,这个60多岁的老人被严刑拷打,但是他宁死不屈。

1922年1月24日,当他的儿子前来探监时,李成虎已经奄奄一息了,他喃喃地念叨着农协的事情,几句话没有说完,就咽下了最后一口气。

李成虎牺牲后,人们把他埋葬在凤凰山,在东岳庙设立"成虎堂",将建的桥取名为"成虎桥",并创作了一首名为《成虎精神化作锦阡绣陌千万年》的歌谣。人们以这些方式纪念这位敢于斗争、勇于牺牲的农民。

中国共产党领导的第一个农民协会　中国共产党领导的第一个农民协会于1921年9月27日,成立于浙江省萧山衙前。农协领导农民进行了一系列的抗税减租斗争,取得很大的胜利。

萧山农民运动是党领导的最早的农民运动。虽然农民运动因遭到封建势力和反动军警的镇压而失败,但是他们的斗争为后来大规模的农民运动提供了宝贵的经验。

❋ ❋ ❋

生活的理想,就是为了理想的生活。

——张闻天

头可断,血可流,工不可复

这是一个普普通通的课堂,老师在认真地讲课,学生们在专心地听讲。

但是这又不是一个普通的课堂。学生们并不是脸带稚气的娃娃,他们的年龄不一,大多是20多岁,有的已经40多岁了。他们穿着工装,工装上还沾着机油。粗大的手笨拙地握着笔,小小的一支笔在他们手里好像有千斤重。他们神色疲惫,应该是上了一天的班了吧?有的课桌上还放着没来得及吃完的烧饼。

但是他们的脸上,是执着与渴望的神情。因为在这间教室里,他们学习的不仅仅是知识,更是让他们能够生存下来并更好地生活的道理。在这小小的夜校里,他们知道了为什么他们工人会生活得如此痛苦,他们应该如何去争

取美好的未来。

这是中国共产党武汉党组织为江岸铁路工人开办的工人夜校,坐在教室中的一个普通的工人,就是不久后在中国的大地上掀起了滔天的巨浪、让中国人为之震惊的工人运动领袖林祥谦。

林祥谦坐在教室里,他的心情却那么不平静。夜校老师的话语,让他想到了很多。

他想到自己是怎样被迫来武汉的。那年他才14岁。由于夏粮歉收,林祥谦全家只能依靠自家一棵祖传的龙眼树结的果子换钱粮度日。但是一天,3个地主的儿子偷偷地爬上龙眼树,边摘边吃边扔。看着成熟的果实被胡乱糟蹋,林祥谦非常气愤,大喊着让他们下来。但是,那3个孩子根本不理睬林祥谦,还从树上摘龙眼砸林祥谦,又爬下树,将林祥谦围起来殴打了一顿。林祥谦一个人,人单势孤,只好跑回家,委屈地对妈妈说:"难道穷人就该受欺侮吗?"妈妈怕他惹祸,劝说道:"孩子,人家有钱有势,咱惹不起。"但是,林祥谦实在咽不下这口恶气,当天夜晚,他约了几个小伙伴,摸到地主宅前,用石头猛砸他家屋顶,在他家墙壁上写下了"打倒财主仔"5个大字。这下子可捅了马蜂窝,林家被地主逼迫着交出林祥谦受罚。家乡待不下去了,家人只好含泪送他到武汉当学徒工。

　　夜校的老师说,资本家的工厂不是工人的天堂,而是压榨工人的场所。林祥谦不懂什么叫"剥削",什么叫"压迫"。但是他清楚地知道,他每天要上十几个小时的班,睡的是20人挤在一起的大通铺,吃的是发霉的饭菜,工装脏得不行了,他只能匆匆地洗洗,赶紧晾上,即使第二天没有干,也要湿乎乎地穿在身上,因为他没有换洗的衣服。

　　他们反抗过,可不是被鞭打,就是被罚款。他们痛苦、茫然,几乎要认命了。这个时候,老师们来了,告诉他们革命的道理,告诉他们,工人是世界上最先进的力量。《共产党宣言》《湘江评论》等进步报刊擦亮了他们的眼睛。林祥谦的眼睛闪着光芒,这光芒是对自己新的发现、对世界新的认识。原来,工人可以通过革命获得新生,获得这个世界。

　　富有斗争经验的林祥谦,充满反抗精神的林祥谦,在工人中有着威望的林祥谦,在党的教育下,脱颖而出。不到一年,林祥谦就光荣地加入了中国共产党。接着,他筹备组建江岸工人俱乐部,并当选为俱乐部理事。他还协助党组织举办工人夜校。接着,他又当选为京汉铁路工会江岸分工会委员长,负责筹备举办京汉铁路总工会成立大会。

　　林祥谦不再是那个莽撞而没有头脑的小学徒,不再是

那个倔强而没有方法的小工人。他有着农民的质朴与执着,有着工人的觉醒与团结意识,而且他更睿智、更坚定、更明确自己的方向。

这天晚上,林祥谦站在工厂外面,看到里面灯火通明,工人们在加班加点地干活。林祥谦难以按捺自己激动的心情,他真想高声对自己的工友们说:"明天,就是明天,我们就要有自己的工会了。不用再看资本家的脸色,我们要用自己的力量保护我们自己,保护我们的伙伴,保护我们的孩子。就是明天,一切将会不一样。"

但是,这个美好的明天,没有到来。1923年2月1日,迎接京汉铁路总工会成立大会的不是鲜花与祝贺,而是荷枪实弹的军警。

军警们包围了会场,并在郑州全城戒严。工人代表、来宾们没有惊慌,没有退缩。他们手挽着手,排着整齐的队伍,缓慢而坚定地行进在路上。他们步伐有力,口号响亮,敌人的封锁没有阻拦住他们,林祥谦与大家一起见证了京汉铁路总工会的诞生。

军警们冲进来,砸坏了会场里的东西,占领总工会会所,驱逐总工会工作人员,查抄总工会文件材料,包围、监视代表们的住处……斗争持续了3天3夜,但是工人们依然没有退缩。

2月4日上午9时，工厂的汽笛响了起来，这不是催促工人上班的汽笛声，而是京汉铁路总工会罢工的信号。随着汽笛声，江岸铁路工人在林祥谦的指挥下，高举着棍棒、锤子，拥出厂、段、站，势不可当。一场在中国共产党领导下的政治大罢工，从江岸开始，沿着京汉铁路向北迅速蔓延。不到3个小时，全长1000多千米的京汉铁路全线罢工。

中华大地震撼了！湖北省工团联合会组织2000多名代表来到江岸亲切慰问罢工工人，江岸1万多名群众参加慰问大会，3000多名群众自发走进游行示威的队伍中。

敌人开始了疯狂的反扑。军警来到江岸，向工人进行疯狂的射击，发生了骇人听闻的"二七大屠杀"。30多名铁路工人壮烈牺牲，200多人受伤，林祥谦和60余名工人不幸被捕。

在一个雪花纷飞的晚上，敌人把被捕工人捆绑在江岸车站站台上，林祥谦被绑在站台东侧的灯柱上。

马灯下，湖北督军署参谋长张厚生盯着林祥谦的脸，说："你受委屈了。现在你唯一的出路是下令让工人赶快上工。这样做，我保证有你的好处，不然，你就性命难保了。"

林祥谦沉默不语。

刽子手狠狠地砍了林祥谦左肩一刀,鲜血染红了地上的白雪。

张厚生又对林祥谦号叫道:"下不下令?"

林祥谦坚定地回答:"不下!"

张厚生气急败坏,刽子手又朝林祥谦右肩砍了一刀,狂叫:"到底下不下复工令?"

林祥谦斩钉截铁地回答:"复工要总工会下命令,我头可断,血可流,工不可复!"

张厚生气得脸色铁青,命令刽子手再往林祥谦身上砍去,直到他昏死过去。林祥谦醒过来后,张厚生再次恶狠狠地问他:"到底下不下令?"林祥谦拼尽最后的力气怒斥他:"现在还有什么话可说?可怜一个好好的中国,就断送在你们这帮军阀手里了!"

最后,林祥谦血流如注,牺牲在站台上。

林祥谦虽然牺牲了,但是他为了工人阶级和人民大众的解放事业而勇于牺牲的精神,激励着后人为了中国更美好的明天努力奋斗。

知识链接

京汉铁路工人大罢工　京汉铁路工人大罢工即"二七大罢工",是京汉铁路工人在中国共产党领导下举行的大罢工。1923年2月1日,京汉铁路各站工人代表在郑州举行京汉铁路总工会成立大会,遭到军阀吴佩孚的武力阻挠。总工会决定举行总罢工表示反抗。2月4日总罢工人开始,全线各站3万余名工人一致行动,长达1000余千米的京汉铁路完全瘫痪。2月7日吴佩孚命令其部萧耀南进行血腥镇压,工人被杀36人,伤数百人,造成"二七惨案"。2月9日工人被迫复工。

❋ ❋ ❋

人的每一步行动都在书写自己的历史。

——吉鸿昌

第一幅抗战宣传画

　　翻开《中国现代美术全集》,一幅名为《神枪手》的画作让人们感受到了抗日的硝烟,绘画者就是抗战时期著名的爱国画家沈逸千。他创作了上海街头的第一幅抗日宣传画。

　　20世纪,沈逸千被香港《明报月刊》评选为"30年代成名画家中之佼佼者",可以想象他的绘画之路将充满荣誉与鲜花。很多人都以为,他会终生沉醉在艺术的殿堂里。沈逸千不仅才华横溢、富有创作激情,更满怀爱国激情。面对民族的危亡,他慷慨陈词:"我愿我的每一笔都为了抗战。"他将自己的画笔作为武器,将画板变成了另一种战场,冒着敌人的炮火,坚持艺术救亡。九一八事变后,他立刻带领上海美专的同学赶制巨幅宣传画,并在上海街头贴

出了第一张抗日宣传画。其中,《日寇暴行写真》一画被日本人在深夜偷走,后被制成铜版画,作为中国"排日"的见证,编入伪满洲傀儡政权的《周年纪念册》。

这一年的冬天,他和十几位同学花了8天8夜,为上海爱国人士筹备的"救济东北难民游艺义卖大会"会场赶制了30多幅巨幅抗日宣传画,这些宣传画表现了东北同胞的苦难以及义勇军的英勇,激起了现场观众的同仇敌忾之心。此次大会募捐的成功,坚定了他艺术救国的信念,于是他带着自己的画笔走向了战场。

一天,沈逸千在延安举办战地写生画展。一幅幅精彩的画作,让官兵们看得热血沸腾,这些画画的就是他们自己,是他们在杀敌抗战。沈逸千一边笑眯眯地看着战士们,一边指指点点地为他们讲解着。

突然,警报响起来了,敌人开始空袭了。战士们立刻开始帮沈逸千转移画卷,搬弄画架。沈逸千在人群中看到了一张熟悉的面孔,那高大的身躯、坚毅的笑容,特别是那双厚实、长着老茧、正在搬着画架的手……太熟悉了。

战士们纷纷向此人敬礼,叫着:"朱总司令!"真的是朱德总司令!沈逸千一下子激动起来,他们曾经在山西战场上见过,虽然仅仅是一面之缘,但是朱德总司令的风采让

他难以忘怀。

朱德总司令一边与大家打招呼,一边忙着收拾、整理画作,没有一刻得闲。沈逸千感动地对朱德说:"空袭了,您还来看画展!"

"你这个画家都来了,我这个当兵的,怎么能不来呢?"朱德总司令风趣地说。

沈逸千不顾空袭警报的警告,取出画笔,开始绘画。战士们静静地站在他身边,保护着他们的画家。沈逸千迅速地为朱德总司令画了一幅惟妙惟肖的画像。

"真是太像了!"

"沈画家,你太棒了!"

战士们的交口称赞吸引了朱德总司令,他走过来,看着自己的画像,掏出笔来,在画像上签上了自己的名字。

这就是那幅著名的《朱德画像》。人们在欣赏、赞美这幅画作时,谁能想到这是沈逸千冒着空袭的危险创作的呢!

不久后的一个晚上,在延安的窑洞里,毛泽东亲切地接见了一批来自重庆的文艺界名流,有著名导演应云卫,演员舒绣文、黎莉莉等,沈逸千也在其中。宴会中,沈逸千为毛泽东画了一幅速写,虽然只有寥寥数笔,但是却艺术

地表现出了毛泽东在艰难的条件下,领导八路军与日本侵略军浴血奋战时自信而乐观的神采。在此之前,沈逸千曾为许多抗日将领画过像,而且总会邀请被画者在其画像上签下自己的名字,作为纪念。但是,这是他和毛泽东初次见面,并且毛泽东很少在画像上签字,毛泽东会答应吗?抱着试试看的心理,沈逸千向毛泽东提出了要求,谁知毛泽东笑眯眯地拿过沈逸千递上的画笔,挥笔在画作上写下了"毛泽东"等字。

之后,沈逸千又来到了山西抗日战场。一天,一个高瘦的指挥官,冷静地指挥、身先士卒地作战,深深地吸引了沈逸千。沈逸千便趁着激战的间隙悄悄地在一旁,为这个军官认真地画了一幅画像。

当这幅画像呈现在这位军官眼前,他眼睛一亮——原来画的是自己。来不及多说一句话,他在画上签下了自己的名字"寸性奇",就匆匆离去了。

啊!原来他就是大名鼎鼎的师长寸性奇。沈逸千满怀着敬意地望着寸性奇的背影,想:以后一定要找一个时间,好好画画这个英勇抗战的军人。

但是,不久,噩耗传来了。寸性奇师长在中条山战役中,率部与日军激战,身中8弹,英勇牺牲。

看着画作上栩栩如生的寸性奇,沈逸千悲痛万分。那个潇洒的签名刺痛了他的心,沈逸千想让人们记住这个名字——寸性奇,记住这个为国捐躯的勇士。

于是,在沈逸千的要求下,寸性奇烈士的签名画像,在战地写生队于各地举办的画展中供观众们瞻仰。烈士的英名被人们传颂,也鼓励着战士们奋勇杀敌。

从前方到后方,从南方到北方,沈逸千活跃在各大战场和敌后游击战场。先后为毛泽东、周恩来、邓颖超、贺龙、马占山、冯玉祥、李宗仁、卫立煌等人画像,并得到他们的亲笔签名和认可。

1932 年至 1934 年,沈逸千牵头组织了"国难宣传团",携带多幅宣传画在 10 多个省会巡回展出,同时进行抗战写生。"国难宣传团"深入各地,展开宣传。无论是在华北,还是在绥、蒙边地,都有他们的身影。一次,"国难宣传团"在北平中山公园举办为期一周的"国难画展览会",观众超过了 10 万人次。当时正值古北口、冷口、喜峰口血战,画展激起了大家的抗日热情。画展的最后一天,人们激情澎湃,参观的人有增无减。突然,4 个日本浪人闯入展馆,疯狂地抢夺画稿。参观的人们抑制不住愤怒,合力抢回了画卷,并把日本浪人赶出了中山公园。不料,到了

下午,竟然有50多个日本人带着刀、斧闯进了展馆,公然挑衅。一时之间,现场大乱。北平公安局第三科科长闻讯而来,强令沈逸千立刻闭展。但是,沈逸千毫不妥协,据理力争,在数万观众的支持下,展览坚持到傍晚胜利结束。

此后,"国难宣传团"进入察哈尔、包头、乌兰察布盟、锡林郭勒盟、绥远等地,一边写生,一边举办画展,行程数万里,影响非常大。但是,这个以画笔激发了中国人民的爱国心和斗志的画家,让日寇动了杀机。

1944年,沈逸千准备出国办画展的前夕,连续两次遭到汉奸、特务的暗杀,幸而逃脱。但是,在同年中秋节前夜,沈逸千在"雾都"重庆失踪了。

在黎明前最黑暗的时候,这个抗日画家,这个用画笔记录着中国人抗战史料的画家,没有等到抗战胜利的那一天,便离开了他视为武器的画笔,离开了他眷恋的土地,年仅36岁。

但是,历史没有忘记他,没有忘记他的画卷。在"永恒的回忆——纪念中国人民抗日战争暨世界反法西斯战争胜利60周年京沪美术作品联展"上,沈逸千的遗作《神枪手》被放置在经典作品的首位,体现了人们对这位抗战时期的爱国画家的永恒怀念。

寸性奇 寸性奇是著名抗日将领,云南腾冲县人。

1909年,寸性奇加入同盟会。1911年参加昆明"重九"起义。之后,他投身护国讨袁、护法运动。1923年,被孙中山任命为大本营中将参军、中央直辖宪兵司令等要职。1926年,参加北伐军。

七七事变后,寸性奇担任国民革命军34旅旅长,带兵北上抗日。在井陉、阳泉间浴血奋战几个月后,他晋升为第3军第12师师长。然后,他调任到山西中条山,并在此处整整驻防4年,击退日军12次进攻。

1941年5月,寸性奇在中条山战役中与日军激战,身中8弹,英勇牺牲。

1986年5月10日,中华人民共和国民政部追认寸性奇将军为烈士。

❋ ❋ ❋

智慧是做事用的,对于灵魂来说,靠的是信仰。

——[苏联]高尔基

蓄须明志爱国心

1937年,日寇占领上海不久后的一天,随着"叮咚叮咚"的门铃声,梅兰芳家来了一个不速之客。

原来,日本人得知京剧四大名旦之一的梅兰芳在上海,便直接派人上门来邀请梅兰芳,让他在电台发表讲话,表示愿为日本服务。

家人说梅兰芳不在家,送走了日本人。可接下来该怎么办?梅兰芳一家人围坐在一起商量。

梅兰芳坚决地说:"我绝不会发表为日本人服务的声明的。"

梅夫人赞同道:"我支持你。但是,咱们不能硬碰硬,要想想办法呀!"

梅兰芳沉吟了片刻,与家人定下了金蝉脱壳之计。几

天后，当日本人接到"梅兰芳最近外出演戏"的口信时，梅兰芳已经带着京剧团同家人连夜乘船去了香港。

但是，梅兰芳在香港的平静日子没过多久，1941年12月下旬日军就侵占了香港。想到日本人一定会逼迫自己演出，梅兰芳和妻子又想出了一个计策：蓄须，罢演。

一个朋友来到梅兰芳家中，惊讶地发现梅兰芳竟然蓄起了胡须，忙问："你怎么留胡须了？这怎么上妆？怎么演戏呀？"

梅兰芳果断地说："别小瞧我这一撮胡子，将来可有用处。要是日本人硬要我出来唱戏，那么，坐牢、杀头，也只好由他了。"

不出梅兰芳所料，过了几日，他偶遇日本驻军司令酒井。酒井遇到梅兰芳很高兴，刚想向他发出邀请，就看到梅兰芳竟然蓄起了胡须，他惊诧地问道："梅先生，你怎么留起胡子了？你不唱戏了？"

梅兰芳淡定地回答："是呀，现在岁数大了，扮相不好看，嗓子也不如年轻人了。不唱了，就在家画画、休息了。"

酒井一副难以置信的神情，说："你是大艺术家呀！就这么退出舞台了？不可能！不可能！"他心里想：这个梅兰芳，想不给我们唱戏，哪有这么容易！不能放过他。

过了一段时间,酒井又登门找梅兰芳了。见到梅兰芳时,酒井吃了一惊,梅兰芳怎么成这个样子了?只见梅兰芳的半边脸肿了,五官也变形了,哪里还有以前清秀、温婉的模样。

原来,梅兰芳这几天正好患了严重的牙病。与酒井相遇后,他知道日本人不会善罢甘休,还会逼他唱戏的,于是将计就计,干脆不治疗。生生地疼了好几天,吃不下、睡不着,脸自然肿得厉害。

酒井只好假意劝慰了几句,让梅兰芳好好休息,病好以后再安排演出。他哪里知道,第二天,梅兰芳就坐船离开了香港,回到了阔别3年多的上海。

但是,此时的上海,依然是阴云密布。大汉奸汪精卫在南京成立了伪国民政府,自任主席兼行政院长,并在上海设立了特务机关。

梅兰芳刚刚抵达上海,便收到了一封邀请函。原来是特务头子吴世宝要宴请梅兰芳,目的是劝他给日本人唱戏。

坐在家中,梅兰芳愁肠百结,他悲愤地说:"这世道让人怎么活下去,中国人活不下去了!"梅夫人连忙劝慰道:"我明天去,见机行事,然后我们再想办法。"

第二天,梅夫人赴宴去了,可直到天黑,梅夫人都没有

回来。灯亮了,梅夫人还是没有回来。夜深了,梅夫人依然没有回来。半夜,门开了,梅夫人终于回来了。

梅兰芳疾步走到夫人身边,还好,夫人安然无恙。但是,梅夫人的脸色非常难看。

"你怎么样?"梅兰芳急切地问。

梅夫人摇摇头,说:"别担心,我没事。"

梅兰芳松了一口气。但是,紧接着,梅夫人叹了口气说:"我怕你这次是在劫难逃了。他们摆出了刑具,吓唬咱们。还让我给你带了一件'礼物'回来。"梅夫人一边安慰他,一边拿出"礼物",这礼物竟然是一铁罐硝镪水。

"他们说,如今日本人当道,咱们识相点为好。"梅夫人担心地说,"你说,咱们怎么办?"

看着夫人深锁的眉头和憔悴的面容,梅兰芳很是心疼,他安慰道:"没事的,我来想办法。你好好休息吧!相信我,会有办法的。"

那一夜,梅兰芳书房里的灯一直没有熄灭。第二天清晨,他就和梅夫人一起忙碌起来。

果然,当天日本人就来了。日本人登门后发现,梅兰芳竟然发高烧了。他躺在床上,脸烧得通红,嗓子几乎发不出声音。

日本人还不死心,掀开被子,查看梅兰芳是不是在装

病。折腾了半天,他们发现梅兰芳是真的发烧了,这才快快地离去。

原来,梅兰芳想起自己在香港以牙痛为由,拒绝为日本人演出的事情,于是赶紧打了四联防疫针,让自己发起了高烧,又一次成功地拒绝了为日本人演出。

日本人一计不成又施一计:冻结梅兰芳在银行的存款。顿时,梅兰芳一家陷入了困境。但是,梅兰芳依然没有登台,他用自己的方式进行抗战。

受到何香凝卖画谋生的启发,梅兰芳夫妻二人在家专心画画。不到8天,就画了20多幅画。这些画引得市民们争相购买,很快售罄。消息传出,上海文艺界、新闻界、企业界反响十分强烈,许多知名人士提出要为梅兰芳办画展。

梅兰芳非常高兴,觉得自己找到了一条新的谋生之路。于是,他闭门作画,一口气画了几十幅作品,准备办画展。画展开幕当日,正值重阳佳节,梅兰芳夫妇应邀来为画展开幕剪彩。他们兴致勃勃地来到展厅时,却发现展厅门口冷冷清清的,觉得非常奇怪。他们还没进门,便看到有些观众从展厅中走出来,神色很不好。梅兰芳心头一紧,肯定出事了。于是,夫妻二人快步走进展厅。原来参展的每幅画上都用大头针别着纸条,上面写着"汪主席订购""周副主席订购""冈村宁次长官订购"……还有一些纸条上写着"送东京展览"。

梅兰芳夫妇非常气愤,两个人拿起桌上的裁纸刀,划向了自己精心绘制的一幅幅图画。仅仅几分钟而已,几十幅国画就成了碎纸。

梅兰芳愤而毁画的举动震惊全国。上海报纸抢先发布新闻,言称:"褚部长目瞪口呆,一场画展一场虚惊!"宋庆龄、郭沫若、何香凝、欧阳予倩等知名人士纷纷发表声援讲话,称赞梅兰芳的民族气节。全国各地的人们纷纷寄来书信,支持梅兰芳的爱国行动。

不能登台,梅兰芳没有流泪;亲毁画卷,梅兰芳没有流泪,但是看到人们的来信,梅兰芳流下了热泪,他哽咽着对夫人说:"我梅兰芳再也不是一只孤雁了!"

抗战期间,梅兰芳冒着生命危险,不惧威胁,即使生活陷入困顿,也没有为敌人演出过一次。直到抗战胜利后,1945年10月,他才重新登台,让世人再度欣赏到了他的舞台艺术。而他的爱国精神、高尚的品格,永远被人们尊重与怀念。

知识链接

四大名旦 "四大名旦"在上文中是指京剧四大名旦：梅兰芳、程砚秋、尚小云、荀慧生。这四位杰出的旦角表演艺术家，自20世纪20年代起在京剧舞台上驰名。他们以各自的风格特色和代表剧目，形成四大流派，改变了老生唱主角的京剧表演旧模式，形成了旦角挑班唱戏的新局面。

※ ※ ※

人，只要有一种信念，有所追求，什么艰苦都能忍受，什么环境也都能适应。

——丁玲

一个农民的抗战

"一定是'天兵'来讨债啦!"

"这些日本鬼子,恶有恶报!"

郑州城里的老百姓们兴奋异常,关起门来,热烈地议论着。

1941年10月,日军侵占了郑州。为扩大其南线占领区域,日军经常沿郑许公路窜到南十里铺一带烧杀抢掠。

就在这个危急的时刻,驻守的鬼子连续在两个夜晚被偷袭,死伤十几个人,吓得不敢再出城,龟缩到四周开阔的南五堡军用物资仓库内。

这个让百姓激动、鬼子丧胆的"天兵"是谁?他是一个普通的农民,叫赵继。赵继本来是山东省曹县人。1920

年,家乡遭受灾荒,实在活不下去了,于是他带领着一家老小来到了郑州南十里铺谋生。赵继吃苦耐劳,攒了一些钱后,开了一家小小的饭铺。村里村外的人很照顾他的生意,让这一家安顿了下来。赵继豪爽直率,意志坚强,不畏强暴。看到世道很乱,他便利用自己的一技之长,组织起当地农民,教大家习武,很受大家欢迎。但是这样的日子没有过多久,就被日军的铁蹄踏碎了。

那一天,听说鬼子要来了,他赶忙送走了妻子和怀孕的闺女,自己留下清理小饭铺。每一样东西他都舍不得丢下,这都是自己和家人起早贪黑挣来的呀!

突然,门被踹开了。会武功的赵继来不及反应,几把明晃晃的刺刀便逼到他眼前。

鬼子们疯狂地搜了一阵,却没有搜到什么,气得捆起赵继,狠狠地打了他几个打耳光。赵继被打得耳朵"嗡嗡"作响。鬼子将赵继连同他家中的一筐红薯都带走了。

鬼子拖着赵继往村外走。一路上,赵继看到,村里的房子塌了、院墙倒了、灶台被砸了……昨天还在他家饭铺吃饭的王大伯、和妻子唠家常的李婶子、喜欢吃油饼的小顺子、跟闺女一样怀着孕的三妮……一个一个都倒在了血泊中。赵继的牙咬得紧紧的,眼睛憋得通红。

鬼子并没有把这个看起来普普通通的农民放在眼里，随随便便地把他关在了柴房里，准备第二天让他去修工事。趁着夜色，赵继挣断绳索，逃走了。鬼子并不知道，他们的噩梦就要开始了。

为了让自己后顾无忧，赵继决定让妻子胡秀花带着孩子住到了南乡小刘村的亲戚家里。他对妻子说："鬼子来了，咱们就没有好日子过了。不是被杀头，就是去给鬼子当苦力。与其等着鬼子杀咱们，不如我先杀了这伙强盗！"妻子了解丈夫的心思，没有阻拦，只能眼泪汪汪地送走了他。

赵继找到第3集团军部队，自告奋勇当向导，杀敌报仇。

10月24日夜，他手持砍刀来到敌营外，让十几个国民党士兵在外边放哨，自己孤身一人飞身跃上了房顶，向下一看，鬼子正在酣睡。他轻轻摸到房里，面对着这群杀人魔鬼，他手起刀落，一口气砍死了7个鬼子。然后他们在黑夜的掩护下，飞快地离开了敌营。

一天晚饭后，他又向国民党部队的一个军官要了几颗手榴弹，装进破筐子里，伪装成捡柴火的农民。他一个人回到了十里铺，找到了两个同村好友。他们在三更时，

一起来到鬼子的另一个宿营地——十里铺北门外三官庙。两个好友为他把风,他独自一人来到庙外,将手榴弹一颗不剩地全投进了敌营,里面立刻四面开花,当场炸死了10多个鬼子。赵继他们趁着混乱,悄悄地撤离了。

赵继连续制造的偷袭,让日军寝食不安,让郑州百姓欢欣鼓舞。于是赵继第三次来到了五里堡敌营。

赵继轻轻地拿出早就准备好的铁钳,剪开了铁丝网。探照灯扫过时,他机敏地躲开了。自小练就的武功,让他身轻如燕、健步如飞。在鬼子的哨兵转身的片刻,他闪进了鬼子的帐篷。赵继在帐篷里发现了一挺轻机枪,他蹑手蹑脚地扛起它,转身往外冲去。可他不慎踢翻了脚下的一只水盆,鬼子被惊醒了,大叫着追了出去。这个时候,赵继已经冲出了铁丝网。鬼子开始扫射,赵继一边还击,一边撤退。

探照灯将黑夜照得雪亮,扫射更加疯狂了,赵继中弹了。他奋力想站起来,但是怎么也起不来,鲜血从他大腿上流出来。

大群的鬼子扑上来了,军犬撕扯着他。赵继昏了过去,被俘了。

当他再度醒来时,周围是数十个凶神恶煞般的鬼子。

一个鬼子军官,手持军刀,杀气腾腾。他拼命摇晃着赵继,吼叫着:"你的,杀太君的,为什么?快快地说!"赵继狠狠地瞪着鬼子,头抬得高高的,没有出声。

这时候,一个鬼子兵在军官耳朵边嘀咕了几句,这个军官更加穷凶极恶了,他咆哮着:"啊!你就是上两次杀太君的那个人!同伙的还有没有?你一个人,不可能,不可能!一个人怎么能杀我们那么多人……"

"大丈夫行不更名,坐不改姓,我是赵继,你们的人是我杀的,没有同伙!"赵继镇定地说,"你们杀了我们的乡亲,烧了我们的房屋和粮食,你们逼得我们无家可归,我恨不得……"

军官继续咆哮:"快说!你是不是共产党?"

"你太恭维我了!可惜我还不是,我只是一个被你们逼得没有活路的中国人!"

他拼尽最后一点力气,抡起身边的一把椅子,向鬼子军官砸了过去。被激怒的鬼子军官举起军刀向赵继劈去,赵继的一只胳膊瞬时掉在了地上,他疼得昏死过去……醒来以后,他对鬼子说:"来吧!你们杀掉一个赵继,千千万万的中国人是不会饶过你们的!中国是我们的!小日本必须滚出去!"

之后赵继没有再吐出一个字。敌人将他捆到五里堡公路边的树干上示众,然后将他的四肢劈成数块,喂了狼狗。

两天后,在第4集团军38军强大火力的攻击下,侵郑日军被迫退出郑州。

赵继的妻子胡秀花为了寻找丈夫的尸骨,走遍了五里堡,可都没有找到。她没有死心,继续寻找。

第二年的春天,一场大风过后,在五里堡一个沙丘上露出了白骨。胡秀花仔细辨认,最终确定这就是赵继的遗骨。于是,英雄得以安葬。

这就是一个农民的抗战。中华大地上有着无数个赵继这样朴实的农民,他们用自己的鲜血与生命,捍卫着我们的祖国,捍卫着我们民族的尊严,捍卫着我们中国人的理想与信念。他们是中国的脊梁,是中华民族屹立于世界的根基。

中国人民抗日战争 中国人民抗日战争简称"抗日战争"。中国人民于20世纪三四十年代在中国共产党主张建立的抗日民族统一战线旗帜下，抗击日本帝国主义的侵略，最终将日本侵略者赶出中国，取得了抗日战争的伟大胜利。抗日战争是近代以来中国反抗外敌入侵第一次取得完全胜利的民族解放战争，是世界反法西斯战争的重要组成部分。

❋ ❋ ❋

天下无难事，唯坚忍二字，为成功之要诀。

——黄兴

知识分子的"地雷梦"

《地雷战》是一部家喻户晓的电影。影片中,地雷大显神威,在抗日战争史上写下了光辉的一页。但是,也有人会产生疑问:农民对制造地雷的专业知识应该所知不多,八路军战士具备的制造地雷的专业知识也不会很多。他们是如何将地雷战开展得如此成功呢?原来,在华北,活跃着一批专业的科学技术人员,他们为研制地雷付出了艰苦卓绝的努力乃至生命。熊大缜就是其中的一个杰出代表。

熊大缜出身于名门望族,1935年毕业于清华大学物理系,因为品学兼优而留校当助教。他的同学当中,有后来成为著名科学家的汪德熙、钱伟长、彭桓武……而在这些人尚未成名成家的时候,熊大缜的专业成绩与科研能力

已经崭露头角。

1937年,熊大缜获得他渴望已久的赴德国留学的机会。他的留学生涯即将开始,同时,也即将与青梅竹马的知心恋人结婚。

如花似锦的人生,即将在熊大缜眼前展开。

可是,七七事变爆发了!

炮声打碎了这个热血青年的留学梦、成婚梦。他无法再安心治学,于是,他毅然推迟婚期、放弃留学,转而投笔从戎。

正在这个时候,原为张学良东北军部下的共产党员吕正操率部队转战河北,在冀中建立了敌后抗日根据地。吕正操深知军需后勤供应对敌后抗战的重要性,便秘密派遣第二分区参谋长张学渊,在北平、天津、保定之间建立交通站,为根据地采购物资和网罗科技人才。张学渊潜入北平,利用他曾在辅仁大学当过助教的关系,找到过去的同学孙鲁,动员他投身抗日救亡斗争。孙鲁回到天津老家后,找到熊大缜,向他宣传抗战形势,并描述了冀中敌后根据地缺少武器、弹药的状况,诚恳地邀请他到冀中去。听了孙鲁的话,熊大缜毫不犹豫地奔赴冀中。

从此,在吕正操领导的冀中根据地供给部里,出现了一个年轻帅气的部长。

虽然他穿西服打领带，不时地说一些大家听不明白的话，但是这丝毫不影响官兵们对他的敬重，因为他们知道，这是个有大本事的人！

在熊大缜的带领下，技术研究社成立了；烈性炸药、地雷和雷管以及无线电的研制工作相继开展起来了；一批又一批北平的爱国热血青年、学子，跟随着熊大缜的脚步，来到了冀中根据地。让我们记住这些隐藏在历史深处、值得我们永远铭记的名字：清华大学的化学系学生汪德熙、机械系实验员胡达佛、物理系实验员阎裕昌、生物系实验员张瑞清、地学系学生李广信、经济系学生祝懿德、物理系学生葛庭燧、物理系职员何国华、化学系研究生林风，燕京大学的物理系学生张方、物理系毕业生李猛……

他们借用老乡的院子，搭起秸秆棚，在棚下做了一个泥炉子，炉子上架一口白铁皮套锅。就是在这样简陋的条件下，烈性炸药很快被研制出来了，在掺入黄色炸药后，其威力有了很大的提高，爆炸速度可达到每秒2 000米。他们制造的一个12千克的爆破筒能炸烂一个火车头。在爆破筒研制成功后，他们又开始研究远距离引爆并准确炸毁行进中的火车头的技术。大家联手攻关，做了大量复杂的实验，终于制成了电动遥控引爆装置。

很快，他们制造的装置在使用中取得了很好的效果。

一天夜晚,他们将12个炸药筒埋在铁轨下,在几百米外接上引爆器,然后埋伏下来静静地等待。

一会儿,雪亮的探照灯照了过来。日军先从沿铁路一侧的公路上开过一辆巡逻车探路,又从铁路上开过一辆压道车清道,然后才是满载军火的列车开过来。

原来,狡猾的日军在军用火车通过之前先用压道车清道,以防地雷。可是电动遥控引爆装置可以放过压道车,等军用火车到达时才遥控引爆炸药筒。

"轰"的一声巨响,火车头飞上了天,车上的军火接二连三地爆炸了,火光冲天,震耳欲聋。

接下来,八路军多次出动,用技术研究社研制的炸药炸火车、炸桥梁、炸碉堡,破坏鬼子的交通线,炸得敌人魂飞胆丧、惊恐不安。经过检测,日军认为八路军搞到了美国或日本制造的炸药,于是在内部追查是否丢失了烈性炸药。他们哪能想到,这是中国的知识分子自己研制出来的。这种炸药在手榴弹、地雷、掷弹筒、炮弹制造中被广泛使用,极大地提高了八路军火药武器的威力。

一次,八路军搞到了一批氯酸钾,熊大缜便带头试制炸药。传统的翻晒方式需要在屋顶上进行,由于炸药自爆,发生了很多次连人带屋顶都炸飞的事故。

在有限的条件下,如何防止炸药自爆?熊大缜发愁

了。突然,他想到了自己的老师叶企孙。

叶企孙非常欣赏熊大缜这个学生。就是这个学生亲手拍出了中国第一张红外照片。当时,在外国,红外摄影还是军事秘密,国内没有任何资料,也缺少科研经费。熊大缜利用物理系光谱实验室和 X 射线衍射对胶卷进行研究,取得了一系列突破性成果。熊大缜利用自己研制的红外胶片,在 1935 年一个漆黑的夜晚,站在清华大学气象台顶上,拍摄了 20 多千米外的北平西山的夜景,这在国内引起了轰动。就在来冀中之前,叶企孙拉着熊大缜的手说:"你放心去吧,到那里后,有什么需要帮忙的,及时告诉我。"

于是,熊大缜秘密返回天津。在敲响了叶企孙家的大门后,熊大缜得到的不仅仅是热情的接待,更是专业的指导。

听了熊大缜领导的技术研究社面临的实际困难后,叶企孙立刻说:"如果我不能亲自到现场,就没法快速解决这个问题,我要亲自去。"

熊大缜立刻说:"您不能去!第一,您身体不好,如果病在途中,就糟了;第二,您的身份显赫,目标太大,很难到达根据地……"

但是,叶企孙对根据地技术研究社遇到的难题实在放

心不下，便让自己的实验员阎裕昌跟着熊大缜前往冀中。阎裕昌做了多年的教学实验，有着丰富的炸药知识，是解决这一问题的最佳人选。

于是，阎裕昌化名门本忠秘密进入了冀中抗日根据地。他一到根据地就解决了炸药自爆的问题，并设计出在根据地特定条件下可以生产的电雷管电路。

此后，叶企孙不仅经常派学生从天津突破日军封锁线给冀中运去电表、白金丝等必要物资，还设法筹集款项，购买急需的军用物资运往冀中……技术研究社的人员经常装扮成传教士，冒着生命危险穿越日军封锁线，进入北平、天津，购买雷管、无线电元器件等紧缺军用物资；请来技术人员，在天津英租界清华同学会内装配无线电台，然后设法运入冀中；在天津租界的一家工厂内偷偷制造黄色炸药，伪装成条状肥皂秘密运入冀中……

随着这些军用物资的源源而来，冀中根据地的炸药厂很快发展成了一座拥有2 000多名工人的大型兵工厂，制造了大量的地雷、手榴弹、复装子弹等，修理了多种枪械。

冀中军民如虎添翼。地雷战、地道战、伏击战打得日军日夜不宁、风声鹤唳、草木皆兵。阜平县五丈湾村民兵李勇爆炸组，利用地雷先后炸死、炸伤日军和伪军362人，炸毁汽车25辆。天井关之战，一种专炸坦克的地雷把日

军第8联队的装甲车炸毁,日本的报纸甚至刊登了题为《八路军有反坦克地雷》的报道。自此,日军不敢大摇大摆地进入冀中了。

熊大缜等人多次受到吕正操司令的嘉奖。1938年底,聂荣臻司令接见了熊大缜,对技术研究社和炸药厂大加赞赏,嘱咐他要尽力扩大研究和生产规模,并争取更多的知识分子到根据地参加工作。在一次反"扫荡"中,贺龙司令带着一支8 000人的部队援助冀中,他对熊大缜的业绩很感兴趣,亲自带着他的总供给部部长到技术研究社参观学习。

美国派观察组到冀中考察。观察组在考察了熊大缜和他的技术研究社后,在观察报告中这样写道:"冀中的形形色色的地雷和美国的火箭差不多,美国的技术在中国的晋察冀都有了。"

那一年,熊大缜仅仅25岁。这个成绩优异的清华高才生,这个学校话剧团的台柱子,这个华北闻名的田径运动员、网球队长、足球明星,和他的伙伴们,用青春、热血、智慧,诠释了一代青年知识分子的拳拳爱国之心!

地雷战 地雷战是使用地雷同敌人作战。目的是迟滞敌人行动，提高火力效能，毁伤敌坦克、车辆和直升机等，杀伤敌有生力量。抗日战争时期，广大军民巧妙利用地形，采用多变的布雷手段，消灭了大量敌人。

❋ ❋ ❋

贫不足羞，可羞是贫而无志。

——（明）吕坤

英雄、清官一身兼

正月里,是新年,

陕北出了个刘志丹;

刘志丹来是清官,

他带上队伍上横山,

一心要共产。

……

这首陕北民歌中的刘志丹,是西北红军和西北革命根据地的主要创建人之一,是西北革命军事委员会副主任、北路军总指挥、中国工农红军第 28 军军长。但是老乡们都亲切地叫他老刘。

这天,刘志丹正迈着不紧不慢的步子走着,村口的老

大爷笑眯眯地招呼他："老刘呀！你送给我的几贴膏药，好使！好使！我的腿不那么疼了，睡了好几个好觉！"

年轻的后生们，看到老刘身上满是灰尘，头发上还挂着几根杂草，知道老刘又去地里了，便围上来，七嘴八舌地和他议论着今年的收成。他们正说得热火朝天，其中的一个小伙子突然嚷道："老刘，老刘，什么时候批准我参军呀？"刘志丹看着这个憨厚的年轻人，他的哥哥们、堂兄弟们都已经战死了，家里叔伯四个人，只剩下这一个男娃，自己怎么忍心让他再上战场呢！他拍拍小伙子的肩膀，安慰道："不要着急，会的，会的。"

刘志丹正准备多安慰这个年轻人几句，几个拖着鼻涕的娃娃扑上来喊："老刘！老刘！吃糖！糖！"刘志丹连忙从口袋里掏出早就准备好的一把糖，孩子们一抢而光。一个小小的女娃娃没有抢到糖，立刻咧开嘴哭了起来，刘志丹赶紧抱起她来，变魔术般地又掏出一颗糖说："小花妮，看！"顺便用手巾擦干净了她哭花的小脸。

刘志丹非常熟悉这里的一山一水、一沟一坎，村里有几口锅，一家有几口人，他都知道。为了发动乡亲们参加革命，刘志丹用通俗诗的文体发出布告，给乡亲们讲革命的道理。这些通俗易懂的歌谣让乡亲们打心底

里愿意参加革命。

战士们跟着他走村串户,时间长了就直抱怨:"我们是战士呀!不去打仗,却整天溜来溜去的。"

刘志丹没有对抱怨的战士们发脾气,他们太年轻了。他轻声问:"好多次反围剿,为什么咱们都胜利了?"

"我们勇敢!"

"我们善战!"

"我们领导有方!"

"这些还不够。我们常打胜仗,就是因为我们有群众的拥护,敌人的一举一动我们都知道,而敌人进来,了解不到任何情况,像瞎子一样,只能挨打。"刘志丹语重心长地说。

从那以后,战士们不仅不再抱怨了,还像他们的领导刘志丹一样,一有空就与群众在一起干活,一起欢笑。

那一年,"十月革命"节到了。这是一个非常重要的节日,各个单位都在积极准备着。

有人提议:"咱们也像苏联红场阅兵一样,举行个阅兵式吧!"这个提议大家都赞成。又有人提议修个阅兵台吧,大家也一致同意了。

可他们的军长刘志丹说:"前面有个戏楼,我看挺好。

把地面平一平,四周贴上标语就行!"

"是不是太寒酸了?"有人反对。

刘志丹沉下了脸,说:"不该花的钱一分也不能乱花!怕寒酸,讲排场,不是共产党人!"

大家看着刘志丹,他的衣服上打了好几个补丁,脚上穿的是自己打的草鞋,甚至连手巾上也补了一块补丁。他们的刘军长多朴素呀!

说"寒酸"的那位同志,突然想起了一件往事。那天他有事情去找刘志丹,走进院子,哟!好几个老乡也在和他们的老刘谈事情。大家一起谈着事情,不知不觉,到了该吃午饭的时间。大家拥向灶间,准备一起动手做饭吃。刘志丹拦也拦不住。大家挤进去后,一下子都愣住了,灶间只有两只土碗,两双高粱秆的筷子,还有一个大南瓜。

刘志丹红着脸进来,搓了搓手,说:"不好意思,不好意思,只有这个。"最后,大家蒸了大南瓜,用手抓着,一口气吃完了。

老乡们走后,刘志丹说:"群众最痛恨反动政权的不廉洁,无官不贪。我们也要注意这个问题,即使穷,也要有骨气,受冻、受饿也不能取不义之财。我们定了法,贪污10块大洋就要枪毙。等我们建立了政权,也要做百

姓爱戴的清官。"

　　往事就在眼前,耳边还回荡着军长的教诲,那位同志羞愧地低下了头。于是,大家纷纷行动起来了。有人平整地面,有人拉渣土,有人贴标语,有人擦戏台,老乡们也来帮忙了。人多力量大,很快就整理好了地面,布置好了阅兵台,几乎没有花什么钱。

　　阅兵式那天,锣鼓喧天,老乡们纷纷赶来观看。

　　战士们步伐整齐,声音响亮,虽然他们的衣服打着补丁,虽然他们的脚上穿着草鞋,虽然他们的武器非常落后,但是他们赢得了老乡们一阵阵热烈的掌声。因为他们是老乡们自己的子弟兵。

　　阳光下,战士们走过阅兵台,看着衣服上打着补丁、脚穿草鞋的领导们,他们高声地、真诚地喊着:"为人民服务!"

　　刘志丹对自己也不搞任何特殊。1934年春,国民党抄了他父亲的家,烧了房子,刨了祖坟,还杀了他好几个亲属,逼得刘老先生和一家老小走投无路。延安党组织知道这件事后,派人把他们接到了根据地。

　　刘志丹从前线回来后,看到自己的家属被接来了,就说:"咱们红军现在不准带家属,我怎么能带这个头?"

大家连忙劝说:"他们不是一般的家属,在敌占区很难生存,不能一概而论。"

刘志丹沉默不语。不久,为了不给组织增加负担,刘志丹让妻子到被服厂当工人,把父亲送到了亲戚家。由于妻子要上班,不能带孩子,他4岁的女儿只好独自在家玩耍。虽然刘志丹很担心女儿的安全,一再提醒妻子要看好女儿,但是他却从来没有麻烦组织为自己的妻子换个离家近的工作。

1936年2月,党中央组织红军抗日先锋军渡河东征。蒋介石调遣大军拦截红军去路,同时电令东北军和17路军进攻红军后方。党中央命令刘志丹和宋任穷率领红28军担任侧翼,配合中央红军迅速打通走向抗日前线的道路。在当地群众的拥护与帮助下,红28军取得了节节胜利。4月13日,毛泽东、彭德怀下达了消灭三交镇敌军的命令。三交镇是山西省中阳县的一个重要渡口。为了打好这一仗,刘志丹不顾危险,亲自观察地形,仔细研究战况,严密部署战斗。4月14日,刘志丹在前沿阵地指挥战士向敌人发起冲锋,不幸左胸中弹,被击中了心脏。他挣扎着,用尽最后的力气,断断续续地说:"让宋政委……指挥部队……赶快……消灭……敌人。"刘志丹牺牲时年仅33岁。

4月24日,梨花盛开了,洁白的花朵开满了枝丫。那一天,在延安瓦窑堡南门外的山坡上,举行了刘志丹的葬礼。刘志丹一生献身革命,除了一匹战马、一把手枪和刚分配给他的几包缴获的香烟外,再也没有任何遗产。他下葬的时候,穿的是破旧的老式棉大衣,里面的白底蓝道的衬衫上还有破洞。

毛泽东为他题写碑文:"群众领袖,民族英雄。"周恩来为他题词:"上下五千年,英雄万万千;人民的英雄,要数刘志丹。"

葬礼那天,曾经与刘志丹并肩作战的战士们来了,他们静静伫立。忽然,阵阵哭声传来,乡亲们也赶来了,他们一定要来,一定要送他们的老刘最后一程。

后来,毛泽东说:"一个人死了开追悼会,群众的反应怎样,这就是衡量的一个标准。有些人高高在上,官位很大,称首长,好像老百姓都拥护他,其实这不能说明问题,要看最后的盖棺论定,要看开追悼会那一天老百姓落不落泪。有些干部死了,我看老百姓就不见得落泪,他是自封的群众领袖。因为你做了官,老百姓不得不和你打交道,其实公事一办完,人家就掉头而去,不大理睬你了。真正的群众领袖,到开追悼会那一天,老百姓会觉得他死了很可惜。至少不会觉得死了也好,可以省下小米。刘志丹牺

牲后,陕北的老百姓伤心得很,这说明他是真正的群众领袖。"

1936年夏天,美国记者埃德加·斯诺来到了陕北苏区,采访长征后到陕北不久的毛泽东和他率领的中央红军。其间,斯诺不止一次听到战士们在唱一支歌曲:

> 正月里来是新年,
> 陕北出了个刘志丹,
> 刘志丹来是清官,
> 他带上队伍上横山,
> 一心要共产。
> ……

虽然斯诺汉语水平有限,但战士们高亢嘹亮的陕北腔调感染了他。斯诺记住了歌词中多次重复的"刘志丹"三个字,却不明白这是什么意思。战士们告诉他:刘志丹是陕甘红军和革命根据地的创始人和领导人之一,3个月前,他不幸牺牲了;刘志丹深受陕北军民爱戴,他们编唱了许多民歌赞颂他、怀念他;刘志丹出生在保安,为了纪念他,中央将保安县改名为志丹县。听了战士们的介绍,斯诺对刘志丹产生了极大的兴趣,他采访了刘志丹的遗孀、生前的战友和陕北群众。在《西行漫记》一书中,斯诺用近

3 000字的篇幅描写了刘志丹的生平和功绩,他写道:"刘志丹是个现代'罗宾汉',怀有山里人对富人的仇恨;在穷人中间,他成了救星;而在地主和放债者中间,他又是上天的神鞭。"

1937年,海伦·斯诺到延安访问,又特意采访了刘志丹的遗孀和女儿,对刘志丹的事迹进行了深入了解,完成了题为《陕甘革命根据地的创始人——刘志丹》的人物传记。

　　正月里来是新年,
　　陕北出了个刘志丹,
　　刘志丹来是清官,
　　他带上队伍上横山,
　　一心要共产。
　　……

这支歌曲,如今依然响彻中华大地,刘志丹的品格影响着一代又一代中国共产党人,也感动着世界上每一个正直善良的人。

哀乐 哀乐是专门用于丧葬或追悼仪式的悲哀的乐曲。1936年,刘志丹同志不幸牺牲。毛泽东同志让延安的文艺工作者迅速创作一首在葬礼上播放的音乐,用于刘志丹同志的追悼会。

为此,以艺术家马可为主的延安音乐工作者们,结合陕北民歌《绣荷包》与《珍珠倒卷帘》的主旋律,创作了一首凄楚动人的管乐曲当作葬礼音乐。

这首"哀乐"一直沿用至今。

命为志存。

————(宋)朱熹

破解密电保卫党

一份标有"绝密"字样的电报被送到了钱壮飞手里。

这是1931年4月25日的晚上,1个小时内,这样的标有"绝密"字样的电报已经收到5封了。这5封绝密电报的发电地址都是武汉行营,并都标明了由南京国民党中央调查科主任徐恩曾亲译。

钱壮飞从中嗅出了一种强烈的危险气息。到底发生了什么事情?他静了静心,然后看了一下日历,今天是星期六。徐恩曾此刻正在上海欢度周末,最快也要下周一回来。

担任国民党中央调查科机要秘书的钱壮飞,是徐恩曾最信任的下属。但是徐恩曾并不知道,钱壮飞其实是潜伏

在国民党内部的中国共产党党员,他更不知道他的那个专供国民党高级官员相互发电报使用的密码本,已经被钱壮飞复制了。

钱壮飞佯装去卫生间,走出了办公室。他仔细地观察了周围。周末的办公场所,很安静,没有什么人在工作。远处隐约传来音乐声,周末舞会正在举行,很多人正在那里跳舞、饮酒。

他迅速地回到办公室,轻轻地关好了门。从一本看上去很普通的书里,掏出了一个小本子,这就是他复制的密码本。

钱壮飞其实早就知道徐恩曾有这样一个密码本,但是,小心谨慎的徐恩曾只让钱壮飞处理文件和电报收发,机要电报一直由自己亲译,密码本也总是放在自己贴身的口袋里,从不离身。钱壮飞数次想获取,但是都没有成功。

一天,徐恩曾带着钱壮飞在上海开会。会后,他急着去找上海滩的美女作乐。钱壮飞灵机一动,故作关心地提醒他:"不行!不行!徐主任,您带着这个密码本去怎么行?"

徐恩曾对钱壮飞非常信任,他觉得自己一手提拔的这个下属可靠、细心、体贴。于是他毫不犹豫地从贴身的口

袋里掏出密码本交给了钱壮飞,并反复叮嘱"不要弄丢了!""不要给别人看!""小心保管哟!""不要泄密哟!要掉脑袋的!"……

钱壮飞老老实实地答应着,徐恩曾放心地走了。钱壮飞随即复制了密码本,并小心翼翼地收藏着。这个夜晚,钱壮飞作为一个专业的潜伏特工,觉得使用这个"宝贝"的时候到了。

看着被破译的电文,钱壮飞惊呆了,几乎不相信自己的眼睛。他轻轻地吁了一口气,让自己冷静下来,再度审看电文:"顾顺章在武汉被捕,并已投降,如能迅速转到南京,三日内可将中共机关全部肃清。"

钱壮飞知道,顾顺章是中共中央政治局候补委员,中央特科负责人,了解很多党的核心机密。更令人震惊的是,顾顺章供称中统内部有中国共产党党员潜伏。

原来,1931年4月24日,顾顺章在汉口被捕。他迅速被押解到国民党武汉绥靖公署行营,侦缉处处长蔡孟坚立即亲自审问他。顾顺章说:"我有对付共产党的大计划,请你速安排本人晋见总司令蒋公,我将当面陈情。"蔡孟坚向他的上司汇报了情况后,便安排一个排的宪兵乘专轮押送顾顺章赴南京。顾顺章在临行之前,向蔡孟坚要了纸

笔,他说:"我把机关给你写出来,这就说明我已有归顺政府的诚意。"他还叮嘱道:"你们先不要动这些机关,等我到南京见了蒋总司令之后你们再动。"4月25日晚10时许,顾顺章被蔡孟坚的部下以及武汉行营的宪兵押送上了一艘直航南京的货轮。临行前,顾顺章再三强调,一定不要将此事先行通知南京。但是蔡孟坚邀功心切,还是连续给国民党中组部调查科科长徐恩曾发出了加密电报。

钱壮飞猜测,此时顾顺章应该就在被押往南京的路上。钱壮飞一边将电报封好,恢复原样,一边在脑子里迅速地理清行动方案。

走出办公大楼,钱壮飞迅速地来到了中共联络地点,命令交通员立即去上海,将情报送到时任上海无线电管理局特务股股长、我党潜伏特工李克农手中。

李克农接到通知后急了。不巧的是,这天不是李克农和其联络人陈赓接头的日子。李克农在夜色中,找了一处又一处,最后终于找到了陈赓。

"顾顺章叛变!""党中央有危险!""潜伏人员有可能被发现!"消息震惊了陈赓。他和李克农没有延误一分钟,立即找到了周恩来。

听完汇报后,周恩来立即安排有关人员进行转移,并指示可能暴露的李克农、钱壮飞、胡底等潜伏人员迅速撤离。此后的两天两夜,中央几十个秘密机关和几百名工作人员紧急搬迁……

4月27日,星期一。早晨上班后,钱壮飞平静地将电报交给了徐恩曾。当钱壮飞走出办公室的时候,楼道里的人听见他轻松地哼着歌曲。"钱秘书下班了!去哪里玩呀?"有人跟他打招呼。

钱壮飞同往常一样和大家打着哈哈,但是,人们并不知道,这是他们最后一次见到钱壮飞。钱壮飞迅速乘车离开了南京,从此消失在了国民党的视线里。

4月27日夜,任国民党特务机关设在天津分支机构长城通讯社社长的我党潜伏人员胡底收到了李克农发来的电报:"胡底,克潮病笃。"克即李克农,潮即钱潮,是钱壮飞的化名,病笃即病重,意为情况危急。胡底立即明白了,他迅速离开了天津。

4月28日清晨,大批军警和特务冲进了位于上海的几十处中共秘密机关,但是他们一无所获。

当时幸免于难的人员有:周恩来、瞿秋白、王明、博古、邓颖超、邓小平、陈云、陈赓、聂荣臻……

钱壮飞出走后，徐恩曾害怕被追究责任，疏通了上司，向蒋介石隐瞒了密码已经泄露之事，因此国民党长期未更改密码。

红军长征时，对敌侦察仍主要依靠无线电侦听。二万五千里长征，红军未中一次埋伏，总能从敌军包围的薄弱部位突围，这个密码本起了至关重要的作用。

后来，徐恩曾在回忆录里讲到了钱壮飞，说钱壮飞曾是他的一个"得力助手"，是一个"不怕辛苦，忠于职守的干练青年"，但他没想到钱壮飞竟是共产党员，以致一个一举消灭中共中央首脑机关的周密计划毁于一旦。

革命者就是这样胸怀理想、机智果敢，克服了一个又一个常人无法克服的困难，为中国革命立下了不朽的功勋。

龙潭三杰 "龙潭三杰"是指钱壮飞、李克农、胡底。20世纪20年代初，他们组成了一个情报小组，李克农担任组长，在上海主持工作，钱壮飞在南京担任要职，胡底在天津担任"长城通讯社"社长，三人形成遥相呼应的铁三角。

他们三人共同从事党的情报工作，利用自己在国民党政权中的职位便利，为党的地下工作做出了突出贡献。周恩来曾感慨地说道，他们三个人深入龙潭虎穴，可以说是"龙潭三杰"。

✽ ✽ ✽

志不立，天下无可成之事。

——（明）王阳明

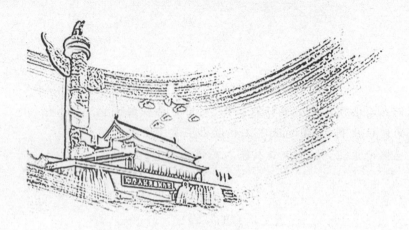

铁血丹心·抗战魂

1940年5月,一封急电摆在国民党33集团军各部队、各将领面前:

> 国家到了如此地步,除我等为其死,毫无其他办法。更相信,只要我等能本此决心,我们国家及我五千年历史之民族,绝不至亡于区区三岛倭奴之手。为国家、民族死之决心,海不清,石不烂,绝不半点改变。

这是他们的集团军司令张自忠亲笔所写。他已经亲自率部渡过襄河,迎战30万日寇,拉开了枣宜会战最惨烈的一幕。

在襄河岸边,张自忠骑在战马上。襄河水流奔腾,仿

佛也在怒吼,吼出中华民族儿女不屈的声音。张自忠神情沉静,面容疲惫,坚毅的双眼闪烁着决绝的意志。

他看着自己带领的2 000多名将士,心潮起伏。佟麟阁、赵登禹……有多少这样的好战友,已经牺牲在抗战前线!又有多少中国人正在遭受日寇的蹂躏!

部下们的劝阻仿佛就在耳边:您是总司令,不要亲身涉险!跟大部队在一起吧,这里也需要您!而张自忠说:一个军人,如果不能保家卫国、马革裹尸,就是他的耻辱!

当时,很多人认为张自忠是"主和派"的代表人物。一家报纸还刊登了一篇题为《要对得起民众》的短文,质疑张自忠的抗战决心。

想到这儿,张自忠的脸上泛起淡淡的笑意。他张自忠是顶天立地的中华男儿,生为国而战,死为国捐躯。在战火中挣扎的中华民族,需要人们用血来警醒,需要人们用血来维护,对此,他已经做好了准备。出发之前,他写了一封信给33集团军副总司令兼77军军长冯治安,"仰之吾弟如晤:因为战区全面战争之关系,及本身之责任,均须过河与敌一拼,现已决定于今晚往襄河东岸进发……奔着我们最终之目标(死)往北迈进。无论作好作坏,一定求良心得到安慰,以后公私均得请我弟负责。由现在起,以后或暂别,永离,不得而知,专此布达"。

抱着战死的决心,张自忠一马当先冲过了襄河。2 000多名将士毫不犹豫地追随着他们的司令,冲向了前方。

此时,日军集结重兵南下,抗日军队应该避开敌人主力。但是,蒋介石被日方的假情报迷惑,错误地判断了形势,下令部队同时围歼南北两路日军。虽然张自忠在河东的兵力仅及日军一半,但军人以服从命令为天职,他立即调整了部署。

张自忠的部队骁勇善战,给日军以沉重的打击。面对眼前的胜利,有人欢呼雀跃,张自忠却隐隐地担忧,凭借多年的作战经验,他觉得自己的部署似乎已经被日军掌握。但是,一封封电报催促他迎战,他没有选择的余地。将军百战死,为国而战是天职,是使命。那时,他无法得知的是他的电报密码已经被日军破译,他的军事部署完全被日军掌握。日军集结了两个师团和四个大队奔袭而来。

5月14日,双方发生遭遇战。15日,张自忠率领的1 500余名将士被近6 000名日军包围在南瓜店以北的沟沿里村。

日军发起了猛烈的进攻。一轮又一轮的进攻轮番而来,张自忠和他的部下殊死奋战。

一个又一个战士倒下了。但是,没有人退缩。炮火中,他们的司令就站在他们身边,战士们不时地听见张自忠的高声指挥、大声鼓励。热血在战士们心头沸腾,他们

不能退缩,一寸国土都不能丢失。

突然一发炮弹袭来,一声尖锐的呼喊"司令"之后,张自忠充满斗志的声音消失了。战士们有些茫然,发生了什么?几分钟后,那个声音再度响起。战士们来不及回头,就继续战斗。

张自忠的卫兵含着眼泪,不再出声。张自忠被炮弹炸伤了右腿,鲜血淋漓。但是在受伤的那一刻,他捂住了卫兵的嘴,不让他出声,生怕影响士气。

激战持续到16日拂晓。日军在飞机、大炮的掩护下,一昼夜向中国军队的阵地发起了9次冲锋。张自忠部队的伤亡人数急剧上升,战况空前惨烈。

自16日凌晨至午时,张自忠一直在疾呼督战。中午,一颗流弹击中了他的左臂,他一把推开了为他包扎伤口的卫兵,坚持指挥作战。

下午2时,张自忠将自己的卫队全部调去前方增援,身边只剩下8个人。

寡不敌众,大群的日军还是拥了上来。他们无法相信,这几个人竟然阻击了他们将近1个小时。

突然,血泊中一个身材高大的军官站了起来,他威严的目光竟让冲上来的日军愣住了。后面的日军连忙开枪,打中了那位中国军官的头。

但是,那位军官没有倒下,他笔直地站着,站着。他的气势,是中国军人的伟岸、中国军人的无畏。日军害怕了,举起刺刀砍向他,那个军官高大的身躯才轰然倒地。

1940年5月16日下午4时,张自忠战死。

日军审视遗体,确认这就是让他们闻风丧胆的张自忠将军,看到他遍布伤痕的遗体,他们一起膜拜。日军军医用酒精仔细清洗张自忠的遗体,并包扎好伤口,郑重装殓,放进赶制的棺材里。当天深夜,日军设在汉口的广播电台中断正常广播,插播了张自忠阵亡的消息,并称:"我皇军39师团官兵在荒凉的战场上,对壮烈战死的绝代勇将,奉上了最虔诚的崇敬的默祷,并将遗骸庄重收殓入棺,拟用专机运送汉口。"

张自忠殉国当日,38师师长黄维刚带领敢死队,端着轻机枪夜袭南瓜店。他们冒着鬼子的炮火,几进几出,终于抢回了张自忠的遗体。

张自忠的遗体运回后方,为他整理遗体的人几度落泪,无法工作。张自忠身上有八处伤口,其中炮弹伤两处,刺刀伤一处,枪弹伤五处。

随后,张自忠的遗体被运往战时首都重庆安葬,路经宜昌时,十万军民恭送灵柩至江岸。其间,日本的轰炸机三次飞临宜昌上空,进行空袭,但是祭奠的群众却没有一

个人躲避、逃散。

张自忠将军以其忠义之志、壮烈之气堪称中国抗战军人之魂，他不甘欺凌、为中华民族争取自由独立的奋斗精神，激励了更多中华儿女继续抗战，直到夺取最后的胜利！

知识链接

张自忠路　张自忠路在中国共有4条，分别在北京、天津、上海和武汉。

张自忠殉国后，被追晋为上将。1940年5月28日，国民政府为他举行国葬。根据冯玉祥的提议，1947年，北平市市长何思源签发《北平市政府户字第59号训令》，将铁狮子胡同命名为“张自忠路”。中华人民共和国成立后，这条以抗日英烈命名的街道名称继续沿用。

✽ ✽ ✽

战而死，虽死犹生；不战而生，虽生亦死。

——张自忠

书生报国　铁肩担当

抗日战争来临的时候,山东省政府主席韩复榘统领着人数庞大、装备精良的军队。但是他抛弃了守土抗战的职责,扔下山东的父老,仓皇地一退再退。

1937年10月,日军占领了黄河北岸,在鹊山向济南市打炮。炮声中,百姓们仓皇逃跑,济南市一片混乱。

省政府各机关的工作人员大多已经携家带口地撤退了,山东省教育厅厅长何思源却没有跟着政府机构撤退。他对大家说:"我要留下来,进行敌后抗战!"

何思源带领剩余的部队,控制了沿海的狭长地带,打退数次日寇进攻,击毙一名日军指挥官。虽部队伤亡过半,但为行署机关安全转移赢得了时间。

　　斗争日渐残酷,跟他一起留下来的人忧心忡忡:这场仗要打多久呀？没有武装力量补充,怎么办？

　　何思源胸有成竹地说:"不要担心！日本人只能占领铁路线上的几个城市,山东的县城里到处都是抗日武装,只要咱们团结起来,力量就大了。"

　　"那些抗日武装会听咱们的吗？"

　　"会！抗战面前,只要是中国人就会团结一致！而且,很多抗日武装的首领,都是咱们举办的抗战训练班的学生,一定会跟咱们拧成一股绳的！"

　　"对呀！咱们组织过好几期抗战训练班呢！"大家开始佩服起何思源当年未雨绸缪办训练班了。何思源曾为抗战训练班制订了《学生问答手册》,向学生们介绍日本是什么样的国家,共有多大面积,有多少人口及其历史上侵略中国的恶行等。他让师生们不忘国耻,认清日本的强盗本质。他指出:中日较量,谁能吃得苦、熬得久,谁就能胜利。训练班的学生们在学习中对艰苦抗战有了心理准备,清楚地知道:抗战需要坚决,需要团结,需要有坚韧不拔的精神。

　　何思源良久地看着墙上的山东地图,然后转过身来对大家说:"咱们还有一支奇兵。"

"奇兵?在哪里?"

何思源说:"很多平津的学生及文化界人士流亡到这里,咱们可以把他们组织起来,共同抗日!"

学生?文化界人士?他们会打仗吗?听了何思源的话,大家心里充满了疑惑。何思源用行动打消了人们的疑虑。他带着省教育厅10余名青年干部开始行动了!他们收容了一些教育局长、校长、文化界人士之后,又收编绿林土匪,建立起了自己的武装。

很快,5个旅、10个团、20多个县大队组建起来了。这改变了在何思源管辖的区域,自济南直到渤海湾,没有一支正规军的局面。

这支部队的训练宗旨是:"把保卫国家、保卫民族的思想植根于每个人心中,我们不争一城一地之得失,要做到,凡有中国人的地方就有中国人的爱国心,就有中国的抗战力量,就有中国的政权存在。"经过多方努力,何思源将村自卫武装、土匪武装等收编,编成鲁北行署直辖第3旅,很快又组成5个旅、10个团、20多个县大队,这些武装力量活动于沾化、利津、惠民一带,为抗战做出了巨大贡献。

这些武装力量的口号是:今天打不着敌人,明天打;正面打不着敌人,侧面打;白天打不着敌人,夜里打。他们转

战在鲁北平原,让日寇疲于应付,粉碎了敌人的扫荡和政治经济封锁,保护了人民群众的生命和财产。

为了做好长期抗战的准备,何思源恢复教育事业、印发纸币、兴建盐场,使得鲁北抗战工作得以稳健地发展。

这时,一个噩耗传来!日本人挟持了何思源的夫人(法国人)与4个孩子做人质。当时,何思源最小的女儿何鲁美才6岁,最大的儿子何理路也只有12岁。

日军一面用飞机散发劝何思源投降的传单,妄图瓦解鲁北军民的抗日斗志,一面派人送劝降信给何思源,信里还有一张照片:一身戎装的日本宪兵队长小林爱男站在何夫人和幼小的孩子们身后。

何思源在群众大会上,高高地举起劝降信,说:"日本鬼子想让我去当他们的省长、部长,还拿我的家人做人质,真是瞎了眼!真无耻!"说着就当众把信撕得粉碎。

到了夜晚,何思源久久地看着亲人的照片。他挚爱的妻子、心爱的孩子,为了支持自己抗日、不给自己拖后腿,住在天津的意大利租界内,而现在竟然落在了日寇手中。

何思源冷静下来后,立刻展开了营救家人的行动。他发表了两封遗书,一封是给自己夫人的,一封是给鲁北地方武装将领的。在遗书中,他表达了自己绝不向日本人屈

服、抗战到底的决心。

同时,他电告国民政府,要求政府通过外交途径与意大利政府交涉,抗议意大利政府把自己的妻儿交给他国政府。他还派得力的人分头赶赴天津、北平、南京、重庆等地,向报馆、教会、慈善机构及多国领事揭露此事,广造舆论。

很快,许多国家就这一事件谴责日本,给日军高层造成了很大压力。日军总司令冈村宁次亲自命令山东省驻军司令土桥,把何夫人和孩子们送回原住处。

何思源以自己的智慧与勇气战胜了日本人。何思源与他队伍继续战斗在抗日战场上。

日本人带着何思源的照片,数度围追他。但是就是与他擦身而过,日本人也没有发现他,因为在何思源的身边,永远有爱他、敬重他、保护他的中国人。这个书生,这个手无缚鸡之力的知识分子,和他的队伍一直战斗在民族大厦将倾的时候,最终迎来了中华民族对敌抗战的胜利!

知识链接

武训祠 1899年,为纪念清末闻名中外的"平民教育家""义学正""千古奇丐"武训,武训的账房先生武茂林在山东省聊城市冠县柳林镇建起了武训祠。

1937年,为弘扬武训精神,何思源邀请全国军政和各界贤达为武训题词,并提议将堂邑县改名为武训县。

❋ ❋ ❋

最可怕的敌人,就是没有坚强的信念。

——[法]罗曼·罗兰

荆棘花开神笔来

一丛荆棘上盛开着鲜红的小花，一个5岁的孩子，呆呆地站在旁边，嘴里喃喃自语：妈妈去哪里了？妈妈去哪里了？这个孩子就是林风眠。

林风眠清楚地记得，就是在这个荆棘丛旁边，母亲曾和村里的人一起制作烧酒。这有一条小河，林风眠最喜欢在小河里捉鱼。清澈的河水里，鱼在一块块鹅卵石中间游来游去。林风眠捉到一条很大的鱼，开心地向妈妈跑去。

大大的酒瓮里装满了酒，正放在灰堆里面加热。妈妈她们就着热水，正在洗头发。妈妈的头发湿漉漉的，脸红红的。

林风眠调皮地让妈妈看自己捉的鱼。他扑进妈妈怀里，一边拿着鱼，一边玩着妈妈长长的头发，弄得妈妈没有办法继续洗头发，只好和林风眠一起玩。

那是个秋天的午后,天气晴朗。妈妈穿着青黑色的衣服,披散着长长的秀发,美极了。

这是林风眠对妈妈最后的记忆,之后,他的妈妈被族人卖掉了。从此,这母子二人再也没有见过面。妈妈长长的头发,成了他记忆中最美的线条。

林风眠和他当石匠的爷爷一起上山。他们一起打石头,一起做墓碑。在墓碑上,林风眠勾画出一个个神秘的花纹,仿佛在和死者对话,又仿佛在倾诉对妈妈的思念。

这个孩子的童年是寂寞的。直到有一天,有人送给他一套《芥子园画谱》。油灯下,林风眠看到线条勾勒出的一个繁华的世界,他轻轻地抚摸着那些线条,感受到了线条的吸引力,他的童年不再寂寞。

突然有一天,一个消息震惊了这个小山村。

"知道吗?林家的那个倒霉孩子中大奖了!"

"哈哈,这个孩子最触霉头了,他妈妈……"

"他妈没有福气哟,这个倒霉孩子!"

原来,林风眠用爷爷给的零花钱买了一注彩票,竟然中了头奖,村里人羡慕之余,纷纷讥讽他。这个沉默寡言的少年,没有说什么,他在那一丛开着鲜红小花的荆棘前,站了很久很久。

第二天,林风眠就带着这笔钱走出了大山,来到省立

中学读书。他的美术老师惊讶于这个少年的美术天分,给他的美术作业打了很高的分数。

林风眠沉浸在美术的世界里,但画笔已经不能宣泄他内心的情感,于是古典诗文进入了他的视野。四书五经、二十四史、唐诗宋词……他和志趣相投的伙伴组成了诗社,他们在一起吟诗作画。

正在这个时候,一个好消息传来了,当时的北京大学校长蔡元培,以"勤于工作,俭以求学,以进劳动者之智识"为宗旨,创办了一个勤工俭学会,支持年轻人出国见识外面的世界。

林风眠的好友兴冲冲地把这个消息带给了他。林风眠盘算了一下,自己中彩票的钱还剩余很多,足以支付出国留学的费用。于是,他毫不犹豫地到了巴黎。这年,林风眠正值19岁的大好年华。

在法国第戎美术学院求学的时候,一次,为了完成老师布置的写生作业,林风眠以罗马柱作为写生对象,认真地画了两幅画,表现了罗马柱在不同的视角和不同光线下的不同感觉。恰巧,校长杨西斯先生到班级里视察,看到林风眠画的这两幅作品,他非常感兴趣,于是与林风眠面谈。刚开始,杨西斯以为林风眠是日本人,后来才知道他来自中国乡村。由于林风眠的法语不够熟练,杨西斯误以为他是

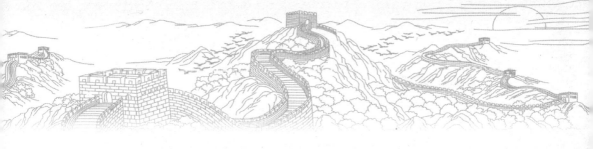

学雕塑的。但是,林风眠没有将错就错,而是赶紧再三解释,反复说自己只是个石匠而非雕塑家。杨西斯对林风眠的诚实、真挚更为欣赏,不久,将他推荐到巴黎高等美术学院深造,使林风眠在法国有了一个更好的学习平台。

后来,杨西斯专程赶到巴黎高等美术学院看望林风眠,发现他在专业上没有多大进步,十分生气,对林风眠提出了严厉的批评,认为林风眠学得太肤浅了,并忠告他:"你是一个中国人,你们中国的艺术有那么宝贵、优秀的传统,你怎么不去好好学习呢?去吧!走出学院的大门,到东方博物馆、陶瓷博物馆去,到那富饶的宝藏中去挖掘吧!"杨西斯还教育他,"你要做一个画家,就不能光学绘画,艺术学科中的雕塑、木刻等都应该学习。要像蜜蜂一样,从多种花朵中吸取精华,才能酿出甜蜜来。""不能停留在学院派的画风上,应多了解新旧各派所创造的不同风格。"杨西斯的一番话使林风眠恍然大悟,找到了自己前进的方向。

在法国,他还结识了周恩来,并与他结为好友。这两个人,一个为了美的艺术奋斗,一个为了革命信仰前行,艺术理想与革命信仰碰撞出了耀眼的火花。1929 年,林风眠在上海展出了其油画作品《痛苦》。林风眠谈到这幅油画的创作时说:"这个题材的来源是我在法国时的一位同

学被广东当局杀害的事件。这位同学是最早的党员,曾和周恩来同时在国外,他被杀害后,我感到很痛苦,因之画成《痛苦》,描绘的是一种人类被残杀的情景。"

几年以后,在法国斯特拉斯堡举办的"中国美术展览"上,林风眠与蔡元培相遇了。此次画展上,中国美术家云集,其中有赫赫有名的徐悲鸿、方君璧等人。蔡元培对林风眠的作品情有独钟,认为他的作品有一种冷静的野性与生气,不受"东西之说"的拘束,蕴含着丰富的思想。他们相谈甚欢,在画展结束之后,蔡元培又特地去探望林风眠,和他畅谈。

林风眠回国后,蔡元培向教育部鼎力推荐这个26岁的青年,并聘他为国立北平艺术专科学校的校长。后来,林风眠又在蔡元培的举荐下被聘为我国第一所高等艺术学府——国立艺术院的首任院长。

林风眠深受蔡元培美育思想的影响,继承了五四新文化运动的精神,倡导新艺术运动,积极担负起促成社会改造与进步的重任。他创新艺术教育,打破常规,邀请木匠出身的画家齐白石登上讲台,聘请法国教授克罗多讲授西画,为中国美术教坛吹进了阵阵新风。他提倡兼收并蓄,调和中西艺术差别,并亲身实践,创造了富有时代气息和民族特色的、高度个性化的抒情画风,为中国现代绘画提

供了切实可行的发展思路和风格典范，堪称20世纪实践中西文化融合、具有革新开拓精神的先驱。

他的代表作品有《春晴》《江畔》《仕女》《山水》《静物》《宫女与花瓶图》等。直至晚年，他仍然坚持作画，执着地追寻他的艺术之梦。

知识链接

国立艺术院 国立艺术院是中国美术学院的前身。1928年，蔡元培创立了中国第一所综合性的国立高等艺术学府——国立艺术院，林风眠任院长。国立艺术院设立了国画、西画、雕塑、图案四个系及预科和研究部，始创“美育代宗教”的实践，揭开了中国高等美术教育的篇章。

人生能有几次搏，此时不搏何时搏。

——容国团

毛泽东为纪念他提出"为人民服务"口号

1944年9月8日,延安枣园的西山脚下正在举行一场庄严肃穆的追悼大会。

毛泽东等中央领导同志以及中共中央办公厅、中央社会部、西北公学、中央警卫团团部等单位送的花圈整齐地摆放着。1 000多名八路军官兵,军容整齐、庄严沉静地伫立着。其中,有几个战士热泪盈眶,他们是张思德的亲密战友。他们望着"张思德"3个字,仿佛又看到他像往常一样,说着一口四川话,笑眯眯地走来了。他性格爽朗,整天乐呵呵地,似乎这个世界上没有什么能让他发愁的事。

1944年,国民党顽固派对边区军民施行军事"围剿"和经济封锁。冬天快要来了,如何保证供暖成了一个大难

题。怎么办？自己烧炭！这个消息传到了警卫连,警卫连的战士们议论纷纷：

"烧炭？我不愿意干,我想打仗,真刀真枪地干,多过瘾！"

"烧炭是战士干的吗？不干！"

"烧炭能当英雄吗？我回家怎么跟老婆说？说我参军烧炭去了？丢人,丢死人了！"

张思德一直沉默不语。有战士问："张思德,你咋想呀？"

张思德从沉思中回过神来,说："冬天要是没有炭,多冷呀！领导们怎么制定作战计划？战士们睡不好觉,怎么打仗？伤员们的伤口怎么能好呢？没有炭,不能做饭,连一口热水都喝不上,能战胜国民党吗？"

战士们一下子都不说话了。过了一会,有位战士不服气地对张思德说："你说得好听！你去吗？"

"我去！"其实,张思德刚才一直在盘算,自己在老家烧过炭,有经验。

"不会吧？让谁去也不能让你去呀！你作战那么勇敢,大家都叫你小老虎,打仗可缺不了你！"

"你还是打仗吧！烧炭多没意思！你不是想当战斗英雄吗？"

"你现在是毛主席的警卫员!多光荣呀!你咋舍得去烧炭?"

战士们的话让张思德心里很矛盾,他很想当战斗英雄,很想待在主席身边,但是,他深知烧炭也很重要。

"吱"的一声,门被推开了。指导员走了进来,他微笑地看着战士们,说:"战斗不仅仅是直接与敌人动刀动枪。一个真正的战士,在哪里都是战场!"是呀!一个真正的战士,在哪里都是战场。

张思德向指导员敬了一个军礼,说:"我要去烧炭!我懂烧炭的技术,我一定完成党交给我的任务!"

张思德一直被战士们所敬佩。警卫连刚成立的时候,有几位战友病重卧床。张思德端水送药、喂菜喂饭,像对亲兄弟一样对患病的战友。晚上站岗,他一个人连站两班,为的是让别的战友多休息。他是副班长,负责管理班里的内务,可他很少命令其他战友做这做那,而是自己动手做,以自己的行动影响和带动大家。班里的水没了,他去担水;地脏了,他就去扫地。他心灵手巧,对补衣服、打草鞋都很在行,经常帮战友们缝缝补补,一天到晚总是闲不住。

他对警卫工作更认真负责。他每天都把毛主席窑洞前的院子打扫得干干净净,并把毛主席常走的土路垫平。

他发现毛主席习惯彻夜写文章,天亮后才睡觉,便早早地起床,悄悄地把毛主席窑洞附近的牲畜赶得远远的,用小石块把在附近啼叫的鸟儿撵走,好让毛主席能多睡一会儿。他还发明了"控绳拉铃"的通信方法:在院子的树上系一根细绳子,绳子的另一端通向警卫班宿舍,挂一个小铃铛,如果毛主席这边有情况,只要哨兵一拉绳子,警卫班就可以立即出动,又不会打搅毛主席休息。

当时条件艰苦,粮食不足,很多战友吃不饱。为了让战士们多吃一些,每次吃饭时,张思德吃到一半,就不声不响地放下饭碗,提起水桶去打开水。一次、两次,战友们没有注意,但是,时间一长,战友们就明白了,这是张思德为了大家能多吃点,自己故意少吃!可战友们又怎么能忍心这么做呢?有一次,吃饭吃到一半,张思德又要去打开水,但是水桶已被别的战友拿走了。张思德回到饭桌后,发现自己碗里放了几个黑面馍馍。他明白了,这是战友们想让他多吃一些。张思德故意细嚼慢咽,好半天才吃了半个馍馍。他一边把剩下的馍馍放回盆里,一边憨厚地说:"我吃饱了。"战友们把那几个馍馍硬塞给了他,说:"班长,你不要一个人饿着肚子,省给我们吃。"张思德看实在推不掉了,就把几个馍馍平分后,和战友们一起吃了,才算平息了这场"风波"。

所以,当听到张思德说要去烧炭时,战友们个个都忘了刚才的顾虑,争着和他一起去。张思德便选了四个有些烧炭经验的战友,开始了他们的烧炭生涯。

进到山里,树木、野花、小草,一片宁静。张思德没有被美景吸引,而是紧紧地盯着一棵又一棵大树,木质够紧密吗?适不适合烧炭呢?

走着走着,有的战友着急了,问:"到底要找什么样的树呢?"张思德沉稳地说:"别着急,咱们好好找找,一定要找到最适合烧炭的木材。"

他们一直走到大山深处,不仅找到了适合烧炭的木材,还选好了建炭窑的地方。战友们望着张思德,眼神中充满了敬佩。

为了加快烧炭进度,张思德把战友们分成两组,一组负责挖炭窑,一组伐木。他说:"我们要加油干,争取多烧木炭,早日完成任务,向党中央、毛主席报喜。"

木头伐好了!炭窑建好了!

张思德装窑、点火,从早干到晚,顾不上休息。按当地的条件,烧一窑木炭,最快也要10天。为了抢时间多烧几窑,张思德和战友们就在木炭尚未完全冷却时出窑,把烧炭周期缩短为7天。出窑时,炭窑内温度高得吓人,一进去就是一身汗。张思德顾不得这些,把破布绑在手上,走

到炭窑的最里面,将滚烫的木炭拣出来。战友们也抢着跟他一起干。仅仅一个月,他们就烧了5万多斤炭。

看着堆得整整齐齐的、黑黑的炭,战士们可自豪了!他们互相看着,哟!一个个脸上黑一道、白一道的,成了花瓜,身上的衣服被火星烧了无数个洞,他们开心地笑着,跟打了大胜仗一样高兴。

1944年9月5日,天还没有亮,张思德他们又去烧窑了,他们想再多烧点炭。

又出了一窑炭,他们抓紧时间将木材装进窑,准备烧下一窑。突然窑洞上方开始落土,张思德立刻奋力地将战友推出窑洞,而他自己却被埋在了窑里。

"张思德!张思德!"战友们哭喊着,扑上去,用手拼命挖,希望把张思德救出来。村民们赶来了,大家一起挖!毛泽东第一时间得到了消息,立刻派人来救援!

张思德终于被挖出来了,他手里还紧紧攥着一根木材,却再也不能睁开眼睛了,再也看不到他们伐好的木材、烧好的木炭了。

毛泽东叮嘱部下:尽快把张思德的遗体洗干净;要派人站岗,不要让遗体被狼吃了;开追悼会,我要讲话……

有人质疑,张思德不是战斗英雄,没有牺牲在战场上,有必要给他开追悼会吗?毛泽东说,革命队伍中人人平

等，无论在什么岗位，都是为人民服务。

在张思德的追悼会上，毛泽东缓缓地走上灵堂，弯下腰，亲手献上花圈并讲话。这篇讲话稿就是著名的《为人民服务》：

> 我们的共产党和共产党所领导的八路军、新四军，是革命的队伍。我们这个队伍完全是为着解放人民的，是彻底地为人民的利益工作的。张思德同志就是我们这个队伍中的一个同志。
>
> 人总是要死的，但死的意义有不同。中国古时候有个文学家叫作司马迁的说过：'人固有一死，或重于泰山，或轻于鸿毛。'为人民利益而死，就比泰山还重；替法西斯卖力，替剥削人民和压迫人民的人去死，就比鸿毛还轻。张思德同志是为人民利益而死的，他的死是比泰山还要重的。
>
> ……

直至今日，"为人民服务"一直是中国共产党的执政理念。像张思德那样，时刻把人民群众的安危冷暖放在心上，兢兢业业，始终与人民心心相印、与人民同甘共苦、与人民团结奋斗，是每一个共产党人的理想和理应担当的责任。

知识链接

老三篇 老三篇是指毛泽东的三篇文章:《为人民服务》《纪念白求恩》和《愚公移山》。

毛泽东在这三篇文章中分别提倡三种精神,一种是以八路军战士张思德为代表的"为人民服务"的无私奉献精神;一种是以抗战期间加拿大援华大夫白求恩为代表的"毫不利己,专门利人"的国际主义精神;一种是以古代寓言《愚公移山》为象征的一往无前的奋斗精神。

❋ ❋ ❋

做一次好事容易,难的是一辈子做好事。

——毛泽东

巧谋歼敌卫苏区

1930年12月,蒋介石调集10万大军"围剿"中央苏区。

红军采取诱敌深入的战术,逐步向根据地中部退却。敌人每日行进35千米,分多路、分梯次迅速扑向苏区。为了快速粉碎敌人的围剿,经过分析,毛泽东、朱德选择张辉瓒率领的18师与谭道源率领的50师作为歼灭目标。但红军的多次设伏都落空了。

12月底,一份情报摆在了时任红65师师长粟裕的面前:张辉瓒部将进入龙冈地区。张辉瓒曾经疯狂屠杀共产党人及进步人士1 000余人。1930年,他在对中央苏区的第一次"大围剿"中,任中路右纵前线总指挥,率第18师和

50师进攻红军。张辉瓒率领的士兵,大多没有经过正规训练,军纪败坏,到江西后强占民房、乱抓民夫、酗酒斗殴,搞得鸡犬不宁,怨声载道。

粟裕是红军中赫赫有名的"青年战术家",他转战赣、粤、闽,积累了丰富的作战经验。面对这封情报,他陷入了沉思。

情报是否真实、准确?大家心里都没有底,粟裕决定自己化装去侦察,亲自核实情报的准确性。

粟裕想到国民党部队里湖南人多,自己对敌人的事情也熟悉,回答一般问题不会有差错。所以他决定,乔装成国民党下级军官。于是,粟裕带着两个战士换上国民党军的制服,向张辉瓒部队的方向出发了。

走了半天,没有遇到敌人,战士们有点丧气,刚要说话,机警的粟裕冲他们使了个眼色。

"口令!"路边树丛里,忽然闪出一个国民党军哨兵,他端着枪,大声喝问。

"清剿!"粟裕镇定地回答。事先,他已经让侦察兵进行了了解,知道了口令内容。

哨兵放下了枪,接着问道:"你们是哪来的?哪部分的?"

粟裕心中早已经有了应对之法,他哈哈大笑:"50师的,你们是18师的吧?你们太慢了,落在我们后面大半天路程了。不行呀!不行呀!"看到哨兵释然的样子,他趁热打铁地解释道:"我们是去后头送信的,还以为你们早过了龙冈呢!"

哨兵更相信他们是自己人了,他看了看四周,小声地打探:"听说龙冈那边有共产党,是真的吗?"

粟裕摆摆手:"兄弟,别担心!哪有什么共产党?早跑得没影儿了!"

谈谈笑笑中,哨兵放行了。粟裕3人,大摇大摆地进了村,发现这里到处是国民党官兵。虽然看上去粟裕在随意地走着,但是他一直在寻找着自己的目标。

不远处,一个坐在石头上独自抽烟的国民党军官进入了粟裕的视野。军官!他有可能知道更多信息。独自一个人!有搭讪的可能。愁眉不展,容易突破。

这么想着,粟裕便主动过去打招呼。"我们好像在哪里见过?"粟裕说,"我是谭师长派来和你们18师联络的。你咋啦?一个人抽闷烟。"

那个国民党军官被说中了心事,顺着粟裕的话发牢骚说:"大家都在卖命,今天见了,明天还不知道能不能睁开

眼睛呢!"

"不会的,不会的,"粟裕立刻说,"你们张师长指挥有方,这次清剿,必定大获全胜!"

两个人就像久别的战友一样,交换了香烟,边抽边聊了起来。交谈中,粟裕得到了自己需要的信息:张辉瓒已决定加快速度推进;尚未确定是否经过龙冈;张辉瓒部的士气不高。

侦察回来后,粟裕立即去见毛泽东和朱德,汇报了自己掌握的敌情。

毛泽东和朱德笑呵呵地看着这个精明强干、年仅23岁的年轻将领,认真地听取他的汇报后问道:"你觉得咱们应该怎么打?"

其实在回来的路上,粟裕已经开始思考如何作战了。他整理了一下思路,简短地说:"张辉瓒求胜心切,咱们可以派一支小部队引诱张辉瓒到龙冈,主力红军则在龙冈设伏,一举歼灭18师。"

"好!"毛泽东和朱德同意了粟裕的作战方案。

红军独立营营长萧锋受命率部诱敌,把张辉瓒的18师引入龙岗一带。经过45丁米的急行军,萧锋独立营终于在12月29日,设法将张辉瓒部诱到龙冈,进入红军预设的"口袋阵"。

上午10时,红军发出了攻击令。仅半个钟头,敌52旅就被吃掉了两个营。旅长慌忙将战况电告张辉瓒。张辉瓒如梦初醒,这才知道红军主力已在龙冈布下了天罗地网。他深知陷入包围的后果,下令师直属部队和53旅正面作战,并集中手中的迫击炮和几十挺机枪,对合围过来的红军进行反攻,以且战且退的方式向万功山方向逃跑。然而红军岂能让到手的猎物跑掉。4万名以逸待劳的红军一举歼灭了张辉瓒的部队,全歼敌18师9 000余人,缴获武器9 000余件。

12月30日18时左右,红军战士正在冒雨打扫战场。萧锋与粟裕,这两个分别了两年的战友,拥抱在了一起。

粟裕惊讶地问:"你们是怎么打到龙岗来的?"萧锋自豪地将牵张辉瓒"牛鼻子"的经过,讲了一遍。

粟裕听了,拍着他的肩膀,称赞说:"好啊,不简单!你们为全歼张辉瓒立了头功!"

萧锋得意之余问粟裕:"你现在在哪个部队?是当团长还是师长?"

站在一旁的粟裕的通信员回答:"他是红22军65师师长!"

萧锋听后,连忙向粟裕敬了个军礼,说:"啊!原来就是你呀!听说你亲自化装侦察,搞到敌人的重要情报,将张辉瓒诱到龙冈,也是你的建议。"粟裕不好意思地说:"作为指挥干部,了解敌情,及时向领导汇报,是应该的。"

这时,毛泽东派来了两个通信员来询问张辉瓒捉到了没有。粟裕立刻胸有成竹地回答说:"张辉瓒就藏在那边的山里,我师正在全力搜索。你们两个通信员,一个立刻回去向毛泽东同志报告,说张辉瓒马上可以捉到。留下一个人,等抓到张辉瓒后,立刻回去报告。"

果然,很快响起了红军的欢呼声:"张辉瓒捉住了!张辉瓒捉住了!"

粟裕一生,身经百战,苏中七战七捷,孟良崮虎口拔牙,黄桥决战立下淮海战役第一功……谋无遗策、战功赫赫,成为我军一代杰出的军事将才。

孟良崮战役 孟良崮战役是解放战争期间,陈毅、粟裕指挥华东野战军在沂蒙山区进行的一次大规模运动战和阵地战相结合的重大战役。

孟良崮大战是粟裕军事指挥艺术的杰作,全歼了国民党整编第74师等部3.2万余人。

孟良崮战役中,解放军缴获国军山野炮28门,步兵炮和战防炮14门,大小迫击炮235门,轻、重机枪987挺,长、短枪9 828支,火箭筒43具,炮弹7 202发,枪弹208万发。

这一战役,对挫败国民党军对山东解放区的重点进攻具有决定性意义。

❋ ❋ ❋

世上无难事,只要肯登攀。

——毛泽东

革命饭店

1929年,成都三桥南街新开了一家餐厅,名字很奇怪,叫作"努力餐"。

餐厅的伙计笑眯眯地走了出来,挂出了一张菜单。看热闹的人围了上来。

"哟!这么便宜!"

"还有大包子、大饺子呢,实惠!"

口耳相传,"努力餐"的牌子一下子就打响了。每天一开门,人力车车夫、报童、学生就在店门口排起了队。

一天,大家一边开心地吃着饭,一边好奇地问伙计:"你家店为啥起名叫'努力餐'呀?"

热情的伙计故作深沉地清了一下嗓子。一下子,热闹的店堂里安静了下来,大家都想知道"努力餐"的来历。

伙计指着墙上的一幅字"要解决吃饭问题,努力努力!"说:"这是我们老板写的,明白了吗?"然后他又指着几个学生模样的人说:"学生娃,你们知道孙中山先生吧!他说过……"

一个机灵的学生抢着说:"孙中山先生讲过,'革命尚未成功,同志仍须努力',原来如此呀!"

店堂里立刻响起一片称赞声。在后厨侧耳倾听的大师傅们,也轻轻地笑出声来。他们想起,在开业的第一天,好心的老板就郑重地跟他们说:"老百姓到我们这里来用餐,我们就要想办法让他们吃好,做到物美价廉。"

但是他们并不知道,他们眼中的好老板,这个在成都开了好几家餐厅的生意人——车耀先,是一个共产党员。他曾经投身川军,做过团长;他曾经东渡日本,寻找中国的强国之路。加入共产党,是他最终的选择。开餐馆既是他的特长,也是他在为革命筹集资金。

不久,常来吃饭的人就发现,店里多了一条醒目的条幅:"要吃革命饭,就到'努力餐'。"虽然很多人不明白什么叫"革命饭",但是他们知道,这里的老板特别谦和,菜咸了、菜淡了、花样少了……只要大家提意见,老板就立刻改正。最让大家满意的是,老板没有因为菜价便宜就糊弄顾客,哪家餐厅出了新菜品、哪家饭馆有了当家菜,"努力餐"

立即跟进,不断翻新菜品。"努力餐"的菜越来越好吃,而价格依然让大家满意。这家餐厅生意可红火了,不仅当地人喜欢到这里,外地人也慕名而来、满意而去。

很多人都发现,这里的伙计天天都兴高采烈的,好像有使不完的劲。这个老板有什么魔力呢?

夜深了,"努力餐"打烊了,伙计、厨师们收拾好了店面与厨房后并没有离去,而是洗干净手,端端正正地坐在饭桌前,开始学习。

老板又开始教他们认字了,那一双双摸惯了炒勺、盘碗的手,已经不再像开始那样,感到笔有千斤重了,那一个个"瞪着"他们的字也渐渐地和他们"熟悉"了。老板很严格,如果他们写错了字,肯定会被罚。但是他们一个个笑眯眯的,这些来自穷苦人家的青年们心里明白:这么好的老板到哪里找呢?每天认完了字,老板还给他们讲故事,讲中国的历史。日复一日,他们明白了什么叫革命。炉火散发着红色的光,在这间温暖的店堂里,一颗颗革命的火种在这些年轻人心中被点燃了。

一天,在熙来攘往的食客中,有一个人坐在桌前,说了一句"来一菜一汤"。伙计立即给他端来了饭菜,因为老板早就嘱咐过,说"来一菜一汤"的客人,就不收他的钱。伙计们以为这样的客人是老板的朋友,其实他们是革命者,

"努力餐"就是革命者可以放心吃饭的"革命食堂"。

伙计们更不知道的是,老板在楼上雅间举行的宴请,其实是正在召开的党的重要会议。那个文雅的中年男子,就是中共领导人吴玉章,那个温和的女士,就是当时在四川工作的邓颖超,那个经常来的老板的好友其实是中共四川省委书记罗世文……看似觥筹交错,其实他们在一起分析革命形势,商讨对敌策略。四川革命斗争的很多重要决定都是在这里诞生的。

唯有几个车耀先选中的可靠伙计,清楚这里发生了什么,他们在店里一边忙碌,一边观察着里里外外的动静,趁着去送餐、采买食物的机会,充当着革命交通员的角色。

夜深人静的时候,车耀先依然不会休息。在微弱的灯光下,他奋笔疾书。《大声周刊》《图存周刊》等这些宣传民主进步思想和主张的刊物就在这里诞生了。车耀先不仅创造了让人们可以吃饱的"努力餐",还在创作着鼓舞人们精神的"革命饭"。

1940年3月,国民党制造了"成都抢米事件",编造"共产党煽动群众抢米,破坏抗战后方"的谎言,逮捕了罗世文、车耀先等许多中共党员。

车耀先被捕后,他的女儿车崇英收到了他先前寄出的信。

崇英:

抗战又踏上较严重的阶梯,就是投降派以反共口号来掩饰他们的由破坏团结而中途投降的阴谋。因之,专门有人制造摩擦,扩大摩擦。我们在此时期,宜表面沉寂,充实自己;切勿再惹人注意。我呢?就正在这样做呵!

你的诗,是进步了;但有些字句欠熟练。我改了些。然大体是不错的,今天《新民报》已登出,不过有些错字和看不清楚罢了。

现在你在新繁,当然救亡工作较少了。应当趁此机会致力于自然科学,为将来升学、应世,打下一个良好的基础。我以为英、数、理、化是应当弄明白的。我的缺点就在于此。不要单注意社会科学。

成都警报频来,但我愈跑愈健!勿虑!勿虑!

愿你努力进步!

父字

七月十五午后

这是他留给女儿的最后一封信,其中的"宜表面沉寂,充实自己"鼓舞了女儿一生。

10月,罗世文、车耀先由重庆转押息烽集中营长期关押。在息烽集中营中,车耀先协助罗世文建立了中共地下临时支委会,担任支部委员,组织和领导狱中的中共党员继续斗争。不久车耀先申请承担图书管理员工作。

集中营的图书馆又名"复活图书馆",位于集中营里"明心湖"边的一间小木房里,里面蜘蛛网密布、灰尘满地、书籍杂乱。车耀先在整理图书时惊喜地发现,在大量反动书籍中,竟然有一些进步书刊。于是,他把这些书刊归类放好,将已经破损的进步书刊一一仔细地加以修补、编号,在一些著名的革命书刊,如《中国社会各阶级的分析》《新民主主义论》《大众哲学》等的扉页上,他工整地写了"文优纸劣,敬请珍惜"八个字,将这些书籍同其他书籍一同借出。后来,他还增订了一些进步报刊,如《华西日报》《时代》《华西晚报》《民主报》《民主联合报》《山东妇女》等。难友们从报刊中知道了外面的消息,了解了抗战的时局,看到了共产党和民主力量日益强大的大好形势,坚定了斗争的信心。

被车耀先感化了的监狱看守,帮助他传送图书与信件。小小的狱中图书馆,成了难友们的精神食粮供应处和地下通信联络站。

　　这位睿智的红色老板,在这样艰苦的环境下,依然以自己的才智为革命努力工作着。同时,他自己更是孜孜不倦。利用狱中图书馆,他阅读了很多书籍、资料,写出了一部《自传》和一部数万字的《四川军阀史》。他学习,思考,提高、充实自己,时刻准备着更好地为党工作。

　　但是,敌人一直没有释放他们。1944年12月,日军从广西逼近贵州独山。罗世文、车耀先被秘密转押到遵义。转押前,一个特务劝说车耀先:"你要赶快自首啊!"车耀先冷冷地回答说:"我不懂得什么叫自首!"特务大声说:"如果你不自首,就一辈子都出不去!"车耀先一改往日的温文尔雅,大声说:"出不去就算了!"

　　他真的就没有走出过监狱。1946年8月18日,国民党反动派将车耀先和罗世文一起杀害,并毁尸灭迹。

　　车耀先入党以后曾经写过一首诗:"投身元元无限中,方晓世界可大同,怒涛洗净千年迹,江山从此属万众。愿以我血献后土,换得神州永太平。"车耀先以自己宝贵的生命,兑现了自己的誓言。他的红色人生,被人们久久传颂;他的坚定信念,更感召着无数后来人。

白公馆 白公馆位于重庆市沙坪坝区。它原来是四川军阀白驹的别墅。1939年,军统局把它改建为看守所,用来关押政治犯。

1943年,中美特种技术合作所成立,白公馆成了中美合作所第三招待所,关押在这里的人员被移往附近的渣滓洞。

抗战胜利后,白公馆又成了特别看守所。1947年春,渣滓洞中被关人员被迁回白公馆关押。

抗日爱国将领黄显声、同济大学校长周均时、共产党员宋绮云夫妇及幼子"小萝卜头"都曾被关押在这里。

❋ ❋ ❋

士贵立志,志不立则无成。

——(战国)孟子

接生 5 万婴儿的独身医生

1921年7月,上海的一个考场里正在进行着北京协和医学院的入学考试。

7月份的上海,酷暑难当,考生们挥汗如雨。突然,安静的考场上一阵嘈杂,接着一个女生被抬出了考场。原来因为天气酷热,这个女生中暑晕倒了。不一会,一阵私语传来,原来监考老师都是男士,不方便施救,一时又联系不上女生的家属。

这个时候,考场里一个文静的女考生毫不犹豫地放下笔,站了起来,帮忙把中暑的女生安放在树荫下,解开她的领口,喂她清水和仁丹。中暑女生很快醒来了,大家都很高兴。

这个考场外施救的女生就是林巧稚。

但是当她回到考场时,考试已经结束了。这是一场英语考试,英语是她最擅长的科目,可她没有来得及答完卷子。出了考场的林巧稚想到父亲"不为良相,当为良医"的教诲,想到自己5岁时因病去世的母亲,想到自己治病救人的宏愿,想到自己已经20岁了,便有些与梦想擦肩而过的惆怅。但是她知道,如果可以重新选择,她还是会救那个女生的。这不就是医师的使命吗?

意外的是,林巧稚回到故乡厦门后,收到了北京协和医学院的录取通知书。这是因为她其他科目考得很好,还是因为她治病救人的职业精神?她无从得知,只知道,她的学医之路正式开始了。

那一年,林巧稚20岁,在当时这个年龄的女孩早就应该结婚生子了。她的家人看到录取通知书,半开玩笑半担忧地说:"医科一读至少8年,等你毕业了还怎么嫁人呢?"林巧稚半赌气半认真地说:"那我就一辈子不嫁!"

那个时代,女子大多依附丈夫,出去工作的很少,当医生的更是凤毛麟角。当1929年林巧稚从北京协和医学院毕业的时候,入学时的5个女生,仅有3人坚持到了最后。

由于成绩优异,林巧稚留院任职,成了协和医学院第

一个毕业留院的中国女生。人们都羡慕她的好机会,但是,很少有人知道,医院给她的聘书上竟然写着"兹聘请林巧稚女士任协和医院妇产科助理住院医师……聘任期间凡因结婚、怀孕、生育者,作自动解除聘约论。"对于林巧稚而言这是一份光荣,也是一种约束;这是一种选择,也是一种放弃。

更让人们吃惊的是,林巧稚没有选择热门的外科、内科,而是选择了妇产科,或许是为了纪念自己身患宫颈癌不幸离世的母亲,或许是为了救治众多的妇女患者。林巧稚从此开始了妇产科助理住院部医师的生涯。

助理住院医师的工作忙碌而艰苦,林巧稚却觉得充实而满足。

不知不觉,到了圣诞节前夜,外国医生都去参加圣诞聚会了,林巧稚留在医院值班。室外,雪静静地落着,这是一个白色圣诞夜。

突然,宁静被打破了,急诊来了!患者是一个20多岁的女子,脸上没有一丝血色,冷汗直冒,已经昏迷了。

经检查,患者为宫外孕,必须立刻手术,否则会有生命危险。林巧稚一边毫不迟疑地通知准备手术,一边打电话给主治医生。

但是,电话里只有忙音。林巧稚心急如焚,不停地拨打,终于打通了电话。

电话那头传来喧嚣热闹的音乐,林巧稚知道圣诞节对于外国人的重要性,可是情况紧急,林巧稚连忙说了患者的情况。但是,只听见主治医生在电话那边说:"抱歉,抱歉,我在外面,离医院很远,恐怕赶不过去……"林巧稚急得提高了声音,半是恳求半是劝说。但是,主治医生的答复是:"外面雪很大,赶过去要很长时间,病人等不了。请你负责吧,可以让病人转院……"

电话被挂断了,林巧稚一时之间手足无措。风雪之夜,病人怎么转院?病情紧急,没有时间了……突然,她冷静了下来:我是一个医生,我的使命就是救死扶伤,我不能眼睁睁地看着病人在我面前死去。

手术开始了,无影灯下、手术台上,清创、整理、缝合、包扎……这台手术完美得如同教科书上的教学演示。血压正常了,体温正常了,脉搏正常了,病人得救了。

凭着自己出色的医术与医德,林巧稚从助理住院医师到总住院医师,再到协和医学院妇产科学系的助教,这常人需奋斗5年的过程,她仅仅用了半年便完成了。

1939年,林巧稚被派遣到美国进修。一年后,她谢绝

了芝加哥大学的挽留,回到了战火中的祖国。她对劝说自己的好友说:"我是一个中国人,一个中国的大夫。我不能离开灾难深重的中国,不能离开需要救治的中国病人。"1941年,太平洋战争爆发,协和医院被迫关闭。林巧稚没有离开北平,她在胡同里办起了私人诊所。

战乱之中,来到林巧稚的诊所就医的大多是穷苦人。林巧稚的诊所非常出名,不仅因为她医术高超、态度和蔼、诊金低廉,还因为她对贫困的病人,不仅分文不收,还予以资助。

一天傍晚,因为下雨,诊所早早关门了。正在林巧稚收拾东西、准备离开时,突然传来了一阵急促的敲门声。开门一看,原来是一位男子冒雨前来求助,他说:"快、快……家里的不行了……"

林巧稚二话没说,立刻跟着这个男子出诊。一路上,她一边冒雨赶路,一边细问病情。雨越下越大,他们数次迷路,等赶到病人家中,竟然是夜里了,产妇已经昏迷了。林巧稚检查后发现,胎位不正,难产!她迅速采取了救护措施,一阵忙碌后,孩子出生了,大人、孩子都平安了。

林巧稚这才喘了一口气,环视病人家中,炕上只有张光光的席子,家徒四壁,连一只凳子都没有。病人家属

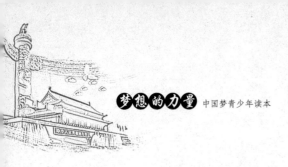

难堪地自言自语,似乎在担心着出诊费用的问题。林巧稚拿出了自己的就诊包,将里面的钞票全都掏了出来,对男子说:"她太辛苦了,等她缓过来,你给她买点吃的补补。"没等那家人反应过来,林巧稚已经走进了茫茫大雨中。

这家人并不知道,由于连车钱也没有留,林巧稚几乎到了凌晨才走到家,更不知道他们仅仅是林巧稚资助的众多病人中的一个。他们只知道,林大夫救了他们的孩子、救了孩子的母亲,林大夫是大好人。

6年里,林巧稚在她的诊所诊治了万余人,留下了8 887份病历,留下了一个个感人至深的故事,见证了一个个新生命、新希望的诞生。

1948年,林巧稚重返协和医院。她以极大的热情投入工作,她更忙碌了,人们也更加热爱这位可敬的医生了。

一天,她正在家中休息,热心的邻居告诉她水产商店正在卖螃蟹。自小喜欢海产品的她拎着篮子,赶到水产商店。哟!水产商店门前已经排了长长的队伍,于是她自觉地排队等待。人们一见林巧稚来了,纷纷让她先买。林巧稚谢了大家的好意,坚持排队,不肯插队。大家拗不过她,只好随她了。队伍慢慢地挪动,还没有等到林巧稚买,螃蟹已经卖完了,营业员心里实在过意不去,连声向她道歉。

林巧稚笑着说:"没有关系,这是小事情呀!"说完就走了。那天晚上,好几家给林巧稚送去了煮好的螃蟹,不给她推辞的机会,放下碗就走。看着红红的螃蟹,林巧稚心里暖暖的。

林巧稚终生未婚,没有子女,但是,她亲手接生5万多名婴儿。每一个林巧稚亲手接生的婴儿的出生证上都有她秀丽的英文签名。林巧稚慈爱地说:"生平最爱听的声音,就是婴儿出生后的第一声啼哭。"

1983年,林巧稚病危。昏迷中,她断断续续地喊:"产钳、产钳,快拿产钳来……又是一个胖娃娃,一晚上接生3个,真好!"这是林巧稚,一位妇产科医生留给这个世界最后的话。她在北京协和医院的病床上走到了她人生的终点。在遗嘱中,林巧稚将自己毕生的积蓄捐给了医院托儿所,希望孩子们快乐地成长。

林巧稚曾说过:"作为一个医生,既然病人把自己健康的希望给了你,你就要尽心尽力,负责到底。"这就是她一生担负的使命,终生恪守的信念。

北京协和医学院 北京协和医学院原名"协和医学校"。1906年由美英两国的五个基督教新教教会和伦敦医学会合办。1915年由美国洛克菲勒基金会驻华医社接办,更名为协和医院大学。1929年更名为北平协和医学院。1942年停办,1947年复校。1951年由人民政府接办,更名为中国协和医学院。校名几经更改,现称"北京协和医学院(清华大学医学院)"。

✻ ✻ ✻

哀莫大于心死,愁莫大于无志。

——(战国)庄子

捐飞机的"花木兰"

"中华人民共和国成立以后,我再也不是下贱的戏子了,我要保护我的国家,我要爱我的国家。当时全国人民纷纷捐款,我们剧社捐献了3天的演出收入,我觉着少,就想着要捐献一架飞机。"

要捐飞机的人是谁?是年仅28岁的豫剧演员常香玉。

常香玉的这个想法让整个香玉剧社震惊了。捐一架飞机需要的钱可不是一个小数目。按当时常香玉演出的酬劳,即使场场爆满,她也需要不吃不喝演200多场才行。

大家七嘴八舌地发表着意见:

"支援抗美援朝,这是好事,当然人人愿意。但想捐一

架飞机,痴人说梦吧?"

"香玉呀,虽然你是咱们剧社的当家人,但咱们剧社小,底子薄,哪有钱捐飞机?"

"是呀!就咱们这个财力,别说捐一架飞机了,就是捐一挺机关枪都够呛呀!"

"就是呀!咱们捐了3天的演出钱,也算是尽心了!"

这个时候,常香玉的丈夫陈宪章说话了:"大伙儿知道香玉为什么想捐飞机吗?"

看着大家茫然的样子,能识文断字、被大家尊称为先生的陈宪章拿出了一份报纸,给大家读了一条来自朝鲜战争前线的消息,说中国人民志愿军某高地遭受了百余架敌机的狂轰滥炸,某连战士全部壮烈牺牲。陈宪章读完后,沉痛地说:"我们的武器、装备落后,志愿军在朝鲜打得太艰难了。"

剧社的人也都难过得说不出话来。

常香玉突然说:"大家说说,咱们唱戏的以前过的是什么日子?"

一句话勾起了大家的伤心往事。

学戏苦!自幼练童子功,饭可以不吃,功不能不练!但凡有一口饭吃的人家,谁舍得让孩子学唱戏呀!

成名苦！成名后还要看人脸色、忍气吞声！常香玉就曾经因为拒绝为军统宝鸡站站长娶姨太太唱堂会，受到侮辱和威胁，吞金自杀过。幸而抢救及时，否则早就死了。

生活苦！演员们的日子都不好过！尤其是女演员，活着受凌辱，死了不能埋进祖坟。

常香玉接着说："现在咱们踏踏实实唱戏，安安心心挣钱，还被人尊称为'艺术家'。这样的好日子才开头，咱们还没有过够呀！志愿军为什么打仗？就是为了让咱们过好日子。别说是捐飞机，就是捐出命，也值！"

她说完，便把放在脚边的包袱打开了，里面有很多钱，大家一下子愣住了。

"咋这么多钱？哪里来的？"大家问道。

"我所有的积蓄，还有卖房、卖车的钱！"常香玉镇定而骄傲地说。

这个时候，陈宪章大声对大家说："我家带个头，咱们捐架飞机，中不中？"

"中！"

"中！"

"干吧！"

小小的剧社，一下子沸腾了。

"怎么干？我们没房子、没车呀！"有人开始发愁了。

常香玉爽朗地笑了，说："咱们是演员，演戏是咱们的特长。我们举行义演，有人看戏，就会有钱！演半年不够，就演一年，一年不够，就演两年，不信咱买不起飞机。"

孩子被送到了保育院，老人托给了亲戚、邻居照顾。简单的筹备后，香玉剧社的演员们，怀着对中华人民共和国和新生活由衷的热爱，出发了！

首站是豫剧的"大本营"——开封，这也是常香玉的成名地。香玉剧社演出的消息传开后，全城轰动，众人追捧！有的农民赶了很远的路，背着干粮来看戏。

在郑州的25场演出，场场爆满！

香玉剧社在武汉连演10天，买不到票的观众竟然站在剧场外面听戏！

在广州演出的当天，剧场给香玉剧社免除了场地费，大家的共同目标都是支援抗美援朝！那天，叶剑英也前来观看，并亲笔为常香玉写下了4个字：爱国艺人。

香玉剧社的演员们白天赶路，晚上唱戏，夜里住在剧场；吃咸菜，喝白开水，睡地铺。可是大家都毫无怨言，认认真真地演好每场戏。大家知道：党支持咱们，党就在咱们身边呢！习仲勋等领导对香玉剧社的演员们给予了很大的鼓

励与支持,并委派马运昌等干部协助剧社的义演工作。

就这样,一曲《谁说女子不如男》响彻中华大地,一出《花木兰》从剧场演到田间地头,香玉剧社的爱国情激荡着全国人民的心。

香玉剧社的义演共进行了178场,观众达31.23万人次,共计捐款15.2亿元(旧币)。香玉剧社捐款购置的飞机,被命名为"香玉剧社号",投入抗美援朝的战斗中。

1952年2月,当香玉剧社凯旋归来时,西北军政委员会文化部、西北文学艺术界联合会为香玉剧社举行了庆祝大会,并隆重授予了常香玉奖状。《人民日报》发表了题为《爱国艺人常香玉》的长篇通讯,详细报道了常香玉的爱国壮举。日理万机的周恩来总理专门接见了常香玉,并高兴地对她说:"香玉同志,你很了不起!你为抗美援朝做了件大好事,全国人民感谢你!"志愿军总司令彭德怀也接见了她,称赞她道:"常香玉不简单!"

常香玉和香玉剧社的演员们没有想到的是,随着豫剧《花木兰》的演出,随着他们捐献飞机的事情的流传,全国人民掀起了捐款的高潮。学生们捐出了自己买早餐的钱,姑娘们捐出了自己的嫁妆,老人们捐出了一生的积蓄。

捐了飞机以后,常香玉决心继续为抗美援朝做贡献。

于是她请求到朝鲜战争前第一线去慰问演出。1953年4月1日,她率领豫剧队跨过鸭绿江大桥,来到了朝鲜。在朝鲜慰问的5个多月里,常香玉带领豫剧队在部队巡回演出,甚至还到只有一个志愿军战士的哨所慰问演唱了18次。豫剧队的180多场慰问演出,极大地鼓舞了志愿军将士们。他们激动地说:"祖国人民把我们称作最可爱的人,我们志愿军把你们称作最亲的人,你们的演唱就是对我们的最大支持。我们一定不辜负祖国人民的希望,坚决打败美国侵略者。"

从中华人民共和国成立到改革开放,常香玉带着她的剧社一直在唱着。他们为美好的新生活歌唱,因为新生活里,有他们自己的奉献与奋斗!

2004年4月7日,身患癌症的常香玉在河南省人民医院做完手术没几天,看到住院部的病人太多,连走廊里也住着病人,便坚决地从套间搬了出来。

住院期间,经常有病人和家属从门缝"偷窥"豫剧大师常香玉的风采,常香玉便不顾医生的劝阻,强忍病痛,笑盈盈地走出病房和大家合影。

4月20日,她对医护人员说:"国家为我花了不少钱了,我心疼哟,没用了,不要再给我用值钱的药了。"5月14

日,她将公证处的两位同志请到病房,立下遗嘱。遗嘱中写道:"感谢党和政府对我的关心和照顾,感谢医务工作者给予我最好的治疗……看一下我的党费是不是每月都交了,若未交齐,由我的儿子陈嘉康代我补齐……我的后代都要记住:国家有难,匹夫有责。无论什么时候,谁都不能利用我的名义和社会影响,去做不利于国家和人民的事情……"直至生命弥留之际,她还再三叮嘱子女:后事一定从简、从速,不发讣告。

常香玉虽然离我们而去了,但她的一曲《谁说女子不如男》时常在我们耳边回响。常香玉就像花木兰一样,在国家危难的时候,挺身而出,以柔弱的双肩担负起了匹夫之责,尽了一个中华儿女最大的努力。

豫剧《花木兰》 豫剧《花木兰》是1951年常香玉为支援抗美援朝进行义演时的主要剧目。在1952年10月全国首届戏曲观摩演出中,常香玉演出此剧并获荣誉奖。1956年10月长春电影制片厂拍摄了戏曲艺术片《花木兰》。

* * *

梦想无论怎样模糊,总潜伏在我们心底,使我们的心境永远得不到宁静,直到这些梦想成为事实才止;像种子在地下一样,一定要萌芽滋长,伸出地面来,寻找阳光。

——林语堂

第一位"铁人"

这天,一个工人模样的人站在北京街头,他满心欢喜地看着首都。他就是中华人民共和国建国十周年国庆观礼的代表之一王进喜。一辆行驶过来的公共汽车吸引了王进喜的目光,只见公共汽车的顶上,有一个大大的包。王进喜仔细观察,发现每一辆公共汽车都顶着这样一个包。看着这个大物件,王进喜很奇怪,不由自主地嘀咕:"这是什么呀?"

和他一起的伙伴热情地问:"王进喜,你在说什么呀?"

这时,恰好一辆公共汽车驶过,王进喜连忙指着那个包问:"那是什么呀?"

"那是煤气包!咱们国家缺少石油,没有办法呀!"伙

伴摇了摇头,痛心地说,"外国人嘲笑中国是'贫油国',唉,咱们什么时候才能产出更多的石油,让咱们的汽车痛痛快快地跑呢?"

伙伴的话让王进喜这个坚强的西北汉子,这个玉田油田的劳动模范,难过得几乎落下泪来,他心里想:我们这么大的国家没有石油怎么行呢?我是一个石油工人,怎么能眼看着国家陷入困境?他不再说话,而是暗暗地下定决心,一定要钻出更多的石油,再不让中国的汽车上顶着"煤气包"。

王进喜是中华人民共和国第一代钻井工人。他6岁讨饭,10岁给地主放牛,14岁到玉门油矿做苦工。中华人民共和国成立以后,他满怀激情为国奋斗。王进喜在玉门油田提出了"月上千,年上万,钻透祁连山,玉门关上立标杆"的口号。他领导的钻井队创造了月进尺5 000米的全国纪录,成为中国中型钻机最高标杆单位,荣获"卫星井队"红旗,被命名为"钢铁井队"。

在黑龙江发现了大庆油田后,党中央决定抽调力量展开"石油大会战"。1960年2月,东北松辽石油会战开始了,在冰天雪地的荒原上,全国各地的石油能手铆足了一股劲儿,要为祖国钻出更多的石油来。他们高喊:看,这儿

就是大油田,这回咱们可掉进"油海"里了!同志们,甩开钻机干吧!

王进喜也在他们中间。他没有像其他人一样,忙着放置行李,打听住所,而是到处询问:钻井机到了没有?井的位置在哪里?钻井纪录是多少?这让大家议论开来。

"这个人是谁?恨不得一夜就打出一口油井!"

"你们不认识他呀?他就是王进喜呀!玉门油田来的劳动模范!"

"啊!他就是王进喜呀!"

"有名的'钻井闯将'!"

大家不由自主地跟着王进喜一起忙碌起来。

很快地,在恶劣的环境条件下,有的人热情消退了,有的人开始想家了。这时候,王进喜站了出来,他没有批评任何人,而是给大家讲首都北京的公共汽车上还顶着煤气包,外国人把中国称为"贫油国",他还说,"一个人没有血液,心脏就停止跳动。工业没有石油,天上飞的、地上跑的、海上行的,都要'瘫痪'。没有石油,国家有压力,我们要自觉地替国家承担这个压力,这是我们石油工人的责任啊!""这困难,那困难,国家缺油是最大的困难;这矛盾,那矛盾,国家建设等油用是最主要的矛盾。"一番朴实的话让

石油工人们再次热血沸腾。是呀！大家来到这里是干什么来的，是为祖国产石油的呀！

正在这时，钻井机到了！但是，大雪封路，吊车、拖车无法到位，怎么办？等吗？等到雪过天晴、春暖花开？不行，石油工人们一刻也不能等。

王进喜带着大家用最原始的办法解决最困难的问题，大家用撬杠，用滚杠，喊着号子，人拉肩扛，把60多吨的钻机一米一米地拉到了井场。

仅仅用了4天！40米高的井架就被立在茫茫荒原上了！

这时新的问题出现了。打井需要大量的水，没有输水管线、没有水罐车，如何取水？于是，大伙用上了所有能用的容器，脸盆、水桶……50吨水，竟然就这样用人力从附近的水滩破冰端来了。大家心里只有一个念头：按时开钻，尽早出油。

4月19日，"萨55"井胜利完钻，进尺1 200米，创造了5天零4小时打一口中深井的纪录。来不及庆祝，来不及休息，王进喜和石油工人们奔赴下一口井。

繁忙的工地上，人们热火朝天地干着，有些人发现王进喜竟然挂起了拐杖，走起路来一瘸一拐的。他们关切地

询问,王进喜只是笑笑,说:"没事!没事!不小心碰了一下。"知道内情的人心里着急,王进喜在搬运东西的时候被砸伤了,但是他怎么也不肯休息。

突然,发生了井喷!井喷是埋藏在地层深处的水、原油和天然气,带着泥沙,在地层的高压下突然喷发出来。如不赶快压住它,会井毁人亡。压住井喷需要用重晶石粉调泥浆,但是井场上没有。怎么办?王进喜当机立断:用水泥代替。一袋又一袋水泥被倒进泥浆池,但是,因为没有搅拌机,水泥都沉在了池底。这时,王进喜奋不顾身地说了声"跳",就纵身跳进了泥浆池。他在泥浆池里,用自己的身体搅拌泥浆。在王进喜的带动之下,更多的人也跳了进去。3个多小时过去了,井喷终于被压住,油井和钻机被保住了。

这就是"铁人"王进喜,为了给祖国产石油,他带领石油工人们奋战在大庆油田。

1960年,王进喜带领1205钻井队连续创造了月"四开四完""五开五完"的好成绩,到年底,共打井19口,完成进尺21 258米,接连创造了6项纪录,轰轰烈烈的石油大会战取得了显著成果。1960年6月1日,大庆油田首车原油外运。至1960年底,大庆油田生产原油97万吨。

王进喜不仅吃苦能干,更科学求实。为提高钻井技术,他和科技人员一起成功研制了控制井斜的"填满式钻井法"。在多年的钻井工作中,他摸索出"钻井绝技":能根据井下声音判断钻头磨损情况。他对待工作严谨认真,一丝不苟,经常向工人强调:"要为油田负责一辈子,要经得起子孙万代的检查。"1961年春天,有的井队为了追求速度,忽视了质量,连王进喜带过的1205队也打斜了一口井。为了扭转这种局面,4月19日,油田召开了千人大会。会后,已担任大队长的王进喜什么也没有说,但是他带头背水泥,填掉了超过规定斜度的井。他说:"我们要让后人知道,我们填掉的不光是一口井,还填掉了低水平、老毛病和坏作风。"

1964年年底,他当选为第三届全国人大代表,毛泽东主席称赞他是"工业带头人"。他谦虚而朴实地说:"我是个普通工人,没啥本事,就是为国家打了几口井。一切成绩和荣誉,都是党和人民的。"

王进喜的铁人精神不仅在当时激励着中国人,也被后人传颂。在中华民族实现伟大复兴的道路上,"铁人"精神将继续鼓励一代又一代中国人奋勇前进!

知识链接

大庆油田　大庆油田位于中国黑龙江省大庆市,是中国第一大油田。

大庆油田于 20 世纪 50 年代后期开发,1959 年 9 月 26 日 3 号探井喷油,正值中华人民共和国成立十年大庆,故名。1960 年开发投产。年产原油 5 000 万吨以上。建有大型炼油厂、石油化工厂和化肥厂。面积为 5 470 平方千米。

❋ ❋ ❋

理想并不能够被现实征服,希望的火花在黑暗的天空闪耀。

——巴金

举债修建烈士故居

每当有人来到位于延安的"毛岸英烈士事迹陈列馆"参观,只要吴凌云在馆里,他总会操着浓重的乡音向前来参观的人介绍:"1946年,毛岸英从苏联回到延安后,遵照父亲毛泽东的嘱托,隐瞒身份,化名'谢永福'来到当时延安县柳林区二乡的吴家枣园,拜陕甘宁边区'特等劳动英雄'、毛泽东最亲密的农民朋友吴满有为师,跟随吴满有一家务农,经受'劳动大学'的磨砺,相继学会了开山垦荒、播撒种子、间苗锄禾、收割碾打等农业技术,还在村社里慰问军、烈属,帮助青少年扫盲,与群众建立起了深厚的感情。这一史实已成为老一辈无产阶级革命家尊重劳动人民、悉心教育下一代的佳话,吴家枣园村因此被誉为'中国知识青年上山下乡第一村'。吴满有,就是我的爷爷。你们正

在参观的陈列馆,就是我的家,也是当年毛岸英在延安学农时劳动和生活过的地方。"看着老人淳朴、慈爱、安详的面容,听着他满怀豪情的话语,你无法想象这个事迹陈列馆耗费了老人多少心力、财力,融汇了老人多少汗水与辛酸。

为什么吴凌云要修"毛岸英烈士事迹陈列馆"呢?因为吴凌云看到,这排毛岸英生活了7个月、几乎占毛岸英在延安生活岁月一半时光的窑洞,经过近60年的风吹日晒,已经破旧不堪。先烈生活的痕迹不应该被岁月抹去,应该让更多的人、特别是青少年知道历史。吴凌云想把这里建成一个"毛岸英青少年教育中心",让更多的青少年免费参观。于是,日子刚刚好过些,他就迫不及待地着手实现自己多年的梦想了。

这是一块有着悠久革命传统的热土,在吴凌云的带动下,许多村民都不计报酬,自发为这一工程出工出力。工程启动后,延安市文物局有关人员多次到现场勘察、指导和鉴定,使工程得以按照保护文物的要求进行。大家都认为,自发修复、开放毛岸英旧居,是社会力量参与文物保护工作的一个典型事例,是一件有意义的事情。

经过多方努力,毛岸英旧居终于恢复了。旧居的墙上悬挂着一幅毛岸英的照片,这是毛岸英1949年从上海寄给吴满有的。土炕上放着毛岸英用过的皮箱、水壶、毛毯、油灯……牲口圈里摆放着毛岸英当年用过的镢头、小推车……它们静静地被放置在故居里,好像它们的主人并没有远去,他很快就要回来,要在油灯下读书,要推着小推车去劳动,要背粪上山,要背粮食下山,要教娃娃们识字。

毛岸英旧居仅仅是个13平方米的窑洞,吴凌云还想建设一座"毛岸英生平陈列馆",想在毛岸英劳动过的山上栽种"岸英常青纪念林"……想更多地呈现出当年的面貌。

于是在旧居恢复后,吴凌云又多方借贷,筹集到部分资金,于2005年3月份正式启动了修建"毛岸英烈士事迹陈列馆"的工程,用了100多天的时间,修建了16间约400平方米的陈列馆。这不仅仅是吴凌云一个人的心愿,更是吴家枣园村的一件大事。施工过程中,村民们自发为施工人员送水、送西瓜……大家出了多少力、费了多少心,谁也不记得,谁也不计较。

当然,最辛苦的还是领头人吴凌云。陈列馆落成那天,吴凌云还来不及好好看一眼就晕倒了,大家连忙把他送到医院。原来,因操劳过度,吴凌云得了急性心肌梗死。医生紧急抢救,在他的心脏内搭了两个支架,才保住了他的性命。大家心疼他,纷纷劝他不要为了陈列馆把自己的

命搭上！吴凌云笑而不语,他心里想:烈士已经为了今天的好日子献出了生命,自己尽心尽力是应该的。

2009年6月,恢复后的旧居已初具规模,吸引了不少慕名而来的参观者。大家非常高兴,只有吴凌云眉头依然没有舒展开。他盘算着:从最近的公路到旧居和陈列馆,需要整修一条长达2.6千米的进村公路;为便于举办教育活动,应该适当建设一些休息场所。如果能够修建2500平方米的"毛岸英塑像广场",用于知青文化研究、青少年教育培训和基层团干部培训,就更好了。

可吴凌云深感难过的是,自己参与文物博物馆事业,虽然降低了国家保护文物、建立公益性博物馆的成本,但由于文物博物馆事业投入大、没有或很少收益,自己已经陷入了缺资金、少支持、进退两难的境地。这5年来,吴凌云联合一些村民,为了恢复毛岸英旧居、建设"毛岸英烈士事迹陈列馆"和布展,已经耗尽资财,并且负债累累。这给他本人的生活及旧居和陈列馆继续开展活动带来了严重困难,距离吴凌云原计划的建设"毛岸英青少年教育中心"的目标也还有很大差距。吴凌云四处寻找政策和资金方面的帮扶,几乎耗尽了心力。

万般无奈之下,吴凌云找到延安市的文物保护部门。

延安市的文物保护部门对吴凌云维修旧居、营建陈列馆的义举给予了充分肯定,认为他的行动顺应了国家发展红色旅游、强化对青少年进行革命传统教育的需要,为弘扬革命传统、延安精神教育做出了突出贡献。延安市文物局专门为吴凌云提供了业务指导和修缮方案方面的指导意见,并发函褒扬、肯定了他的行动。

但延安市文物局也缺少帮助吴凌云摆脱困境的资金或政策渠道。因为中共中央在延安13年时间,留下了大量规格高、意义重大的革命旧址,已核定公布为文物保护单位的不可移动文物就达300多处(组)。像吴凌云维修、保护的毛岸英旧居这类革命旧址,还无法列为文物保护单位,只能算是尚未核定公布为文物保护单位的不可移动文物。按照法律规定,非国有不可移动文物由所有人负责修缮、保养,如有损毁危险,所有人不具备修缮能力的,当地人民政府应当给予帮助。但延安市的财政状况非常紧张,用于文物保护单位的资金已是捉襟见肘,哪里还有能力帮助吴凌云呢?

就在吴凌云一筹莫展的时候,新浪网新闻中心在2006年12月专门对他的事迹进行了报道。《延安日报》先后于2008年12月、2009年2月,发表了《有一份感情难

以忘怀,有一段记忆刻骨铭心》《一个农民和他的红色理想之路》两篇文章,对毛岸英的生平与吴凌云的义举进行了双版通栏报道,并同时刊发了《剪不断的红色情感》《有一种信念让我们感动》和《光芒背后的平凡人生》等评论员文章。毛岸英的亲人邵华、毛新宇等得知这个消息后都很关心和支持吴凌云的行动。2008年冬天,毛新宇亲自参加了"毛岸英生平事迹陈列馆"开馆仪式。延安市领导也专门视察吴家枣园。社会各界都对吴凌云宣传老一辈无产阶级革命家的光辉事迹与崇高品质的行动表示了充分的理解和支持。

虽然是免费参观,但是很多游客在参观之后,会悄悄地放下一些钱,默默地支持吴凌云。

站在陈列馆的院子里,吴凌云想起了爷爷吴满有给他讲的往事,那时毛岸英刚到吴家枣园,吴满有说:"你是个洋学生,咱一个字也不识,你向我学什么呀?"毛岸英说:"我是个小学生,啥事也不懂得,我爸爸让我来向你学习……"

往事如阵阵暖流在吴满有心中激荡,想到能够为教育子孙万代秉承中国共产党创造的延安精神做出贡献,想到自己的努力能够让更多人记住历史,让更多人沿着烈士的足迹前进,他便觉得心里甜甜的……

延安精神　延安精神的主要内容是：坚定正确的政治方向，解放思想、实事求是的思想路线，全心全意为人民服务的根本宗旨，自力更生、艰苦奋斗的创业精神。

延安精神是中国共产党和中华民族的宝贵精神财富，它对中国历史的发展进程产生着巨大和深远的影响。

❋ ❋ ❋

牺牲小我，成功大我。

——杨开慧

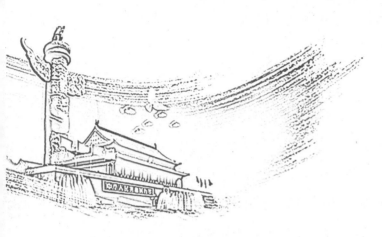

为别人治病的高位截瘫病人

1970年初夏的一个夜晚,山东莘县十八里铺尚楼村,村民们大多已经睡熟了。只有一个普通村民家的窗户中隐隐地透出灯光,一个女孩子在灯下沉思。这个女孩就是随着父母下放到这个村的张海迪。

这天,海迪听到了一个让她非常难过的消息:孟方死了。

听到这个消息时,海迪怎么也不相信自己的耳朵,怎么可能呢?孟方,那是一个多么可爱的孩子呀!海迪刚来到这个村子时,进到屋里没有多久,就发现自己的窗外趴着一个可爱的五六岁的小男孩,乌黑的眼睛大大的,睫毛长长的,正好奇地看着躺在床上的自己。海迪向他招招手,让他进来,小男孩羞涩地摇摇头,海迪只好大声说:"小

家伙,进来吧!姐姐出不去,快进来!"于是这小男孩磨磨蹭蹭地走进门,乖乖地靠墙站着,关心地问:"姐姐,你病啦?""嗯。姐姐的腿不好,动不了,你过来。"小男孩连忙跑到海迪的床边,说:"那你痛不痛?我帮你揉揉,揉揉就好了。我那次扭了脚,就是妈妈给我揉好的。"海迪苦笑着,被这个善良的孩子感动了。这个孩子就是孟方。

孟方是个非常善解人意的孩子,当他知道海迪的腿治不好以后,哭了好几次。哭过以后,他就会红着眼睛来找海迪,说:"姐姐,你别怕,我陪你玩。"他会捉来小虫子给海迪看;他会把妈妈给自己煮的鸡蛋带给海迪吃。最让海迪感动的是,孟方竟然让村里的大人帮海迪做了一个木头轮椅。他推着海迪在村里走呀走呀,和她一起看田里的庄稼,看远处的小河。

就在前几天,孟方还小心翼翼地捧来了一只受伤的小燕子,难过地告诉海迪,小燕子的腿受伤了,不能飞了。海迪帮小燕子治好了伤,养了几天后,他们一起把小燕子放飞了。那天,孟方可高兴了,还说:"姐姐,你真棒!你能治好小燕子的腿,有一天一定能治好自己的腿。到时候,咱们一起跑!"

这个善良的孩子,竟然因为突发的疾病,失去了幼小

的生命。这怎么不让海迪心痛!海迪不仅心痛,还陷入了深深的思索:是村里的贫穷和落后造成了这样的悲剧。

看着窗外,海迪仿佛又看见了第一次见面时,孟方那张可爱的脸、那双黑黑的大大的眼睛,她再也无法控制自己的情感,拿出笔来,在日记中写道:"我要学医。我要为你们减少痛苦,不让村里再出现小孟方这样的悲剧!"

第二天早晨,海迪起床后的第一句话就是:"爸爸、妈妈,我要学医。"

海迪的父母对海迪的决定给予了极大的支持。当天傍晚,他们就带给海迪所有他们能够买到的医学书、常用药,还有体温表、听诊器、人体模型。最让海迪吃惊的是,竟然还有一套针灸用具。

没有人知道,这个常年瘫痪在床的少女,是怎么学医的,只有她的家人知道她在自己身上画满了花花绿绿的点、线,来研究各种穴位;她在自己身上试针,父母心疼得看不下去;医学书、读书笔记摆满了桌子、小床,要是被谁动了,一向温和的海迪竟然会发脾气……

"听说了吗?村里那个叫耿其元的,在家里瘫了3年,海迪给他扎针后,竟然会走路了。"这条消息传遍了村里村外,慕名来求医的人越来越多。这些人一出现在村口,就

会有热心的村民为他们指路:"找海迪吧?门口排长队的那家就是,去吧……"

人们都知道,这个少女会治病,但是谁又能想象得出病人离开后海迪的情形呢?

每天,送走最后一个病人后,海迪就会倒在床上,最常说的一句话就是:"妈妈,我今天不想吃饭了。"由于高位截瘫,海迪只能用两只胳膊撑在轮椅扶手上,才能坐住并撑直自己的上身。当她用双手给人扎针的时候,腹部便软瘫下来,时间长了肋间神经就会剧痛。她只能侧着身子,把右肋压在轮椅的扶手上为病人扎针,久而久之,她的右肋骨部位塌陷进去一拳之深,脊椎也弯曲成"S"形。

但是,谁也没有听她抱怨过一句,喊过一次累,即使是面对家人,她也一直说自己是幸福的。

有一次,海迪家里来了一位长辈,他手里拿着一瓶进口药,想问问海迪药品说明书上到底写的是什么,该怎么服用。但是海迪不懂英文,爱莫能助。看着这位长辈失望而去的背影,海迪便决心学习英语。

从那一天起,她家的墙上、桌上、灯上、镜子上,甚至她的手上、胳膊上都写满了英语单词。她规定自己每天晚上不背10个单词就不睡觉。家里来的客人,只要会点英语

的，都成了她的老师。

　　有人为她介绍了一位懂英文的笔友，海迪可高兴了，经常和她通信。笔友写给她的信都是用打字机打出来的，又整齐又干净。海迪没有英文打字机，该如何回信呢？她脑子里"灵光"一闪，要自己发明创造。她请一位在印刷厂工作的朋友，找来了一小盒废弃的刻着英文字母的铅字。朋友带来的铅字真不错，有大写字母和小写字母，还有各种标点符号。把这些铅字通过复写纸印到纸上，效果就像用打字机打出来的一样，这让海迪非常兴奋。不过当朋友听说她用铅字写信时，就劝她说："你一个字母一个字母地在纸上印，就像老牛拉破车，什么时候才能写完一封信啊？再说铅字都是有毒的，接触多了会中毒。"

　　可对海迪来说，这就是最好的回信方式。她拿着铅字在纸上使劲地摁，因为下面还有蓝色的复写纸和另一些纸，不用力就印不清楚。她怕纸张移动，就用订书机把它们订在一起；手被弄黑了，她就把一个个铅字裹上牛皮纸，做成一支支"笔"……3天后，当她拿掉复写纸，下面的纸上印着整齐而清晰的蓝色英文，就像从英文打字机里打出来的一样。笔友很快回信，说没有想到海迪能给她寄去那么漂亮的信，更没想到海迪给她写了英文信。海迪高兴极

了,她觉得自己的信"真是清香的,美丽的,这是我的创造。创造的就让人觉得是美丽的"。

通过艰苦的学习,海迪取得了丰硕的成果,她不仅能够阅读英文版的报刊和文学作品,还翻译了英国长篇小说《海边诊所》。当她把这部书的译稿交给某出版社的总编辑时,那位年过半百的老同志感动得流下了热泪,并热情地为该书写了序言——《路,在一个瘫痪姑娘的脚下延伸》。

这个永远不会走路的少女,帮别人重获了行走的能力;这个永远也治不好自己病的少女,帮别人恢复了健康;这个没有正规学习机会的少女,自己开启了美丽的英语世界。因此,她觉得自己是世界上最幸福的人。

5岁时因患血管瘤导致高位截瘫、曾被预言活不过30岁的张海迪,自学了英语、日语、德语、世界语,攻读了本科和硕士研究生的课程,翻译了数十万字的英语小说,出版了长篇小说《轮椅上的梦》《绝顶》,散文集《鸿雁快快飞》《向天空敞开的窗口》《生命的追问》,到德国做访问学者,获得英国约克大学荣誉博士……现在,她担任着中国残联第六届主席团主席的职务,为了更多人的幸福在奔波、在奋斗。

针灸 针灸是针刺和灸法的合称。针刺,是用特制针具刺激经络穴位以防治疾病;灸法,主要是用艾绒等物熏灼经络穴位以防治疾病。针和灸早在《内经》中就有论述,是中医治疗学的重要组成部分。

❋ ❋ ❋

活着就要做个对社会有益的人。

——张海迪

小岗人的"脊梁"

小岗村18户农民在1978年12月的一个冬夜,在一张"大包干"契约上摁上红手印,从此拉开了中国改革开放的大幕,小岗村也因此声名远扬。

28年后的2006年,小岗村的村民们在一封挽留信上再次摁上红手印,希望留住在小岗村任职届满的村党支部书记沈浩。沈浩为了不辜负村民们的信任与爱戴留了下来,直到他于2009年11月因积劳成疾而猝然病逝,他终于把自己拥有的一切和对小岗村的满腔热爱都永远留在了这片土地上……

2004年初,沈浩刚到小岗村的时候,他惊讶地发现,这个享誉国内外的村子竟仍只是一个自然条件恶劣、交通不便、地处偏远的贫困的小村庄。小岗村当年包产到户的

改革勇气和进取动力,都被村民们的小农意识冲淡了。村民们为了一点名利,不惜搞内讧;村干部也为一己私利吵闹争斗。小岗村已经从改革的先进村变成了"后进村"。作为安徽省第二批选派干部的一员,沈浩从安徽省财政厅来到小岗村担任党支部书记,感到从未有过的压力。

沈浩还发现:这个村距离最近的一个县城有40多千米;村集体欠外债4万多元;村民年人均纯收入不足2 000元,村民们住的都是20世纪盖的小平房;由于村民们不团结,连续多年选不出健全的村"两委"班子,致使村管理班子软、村容村貌乱、村民人心散。

可沈浩并没有产生畏难情绪。他相信,只要大家一条心,一定能改变小岗村的面貌。于是,到任伊始,他就开始逐户走访村民。沈浩了解到村民最想解决的是"雨天一身泥、晴天一身灰"的行路难问题。于是,他四处争取支持,几经努力,终于跑来了第一笔帮扶资金50万元。资金落实了,沈浩又给村民算了一笔账:如果把这笔钱拿来组织村民自己修路,第一能确保质量,第二能节约成本,第三村民们还可以挣到工钱。沈浩还想通过这样的集体劳动凝聚人心,教育村民自己的事情自己办,自己的劳动成果自己珍惜。他的这个想法得到了绝大多数村民的拥护。于是,沈浩到交通部门请来了工程技术人员,借来了工程机械设备，到建设局请来了质量监理人员。水泥、沙子等建筑材料备齐以后就开始施工了。村民们分成4班，歇人不停工。沈浩更是天天泡在工地，扛水泥，拌砂浆，甚至用手捧水泥。仅用了一个星期的时间，一条宽7米、长1.2千米的水泥路就建成了。一算账，比招标节省20多万元资金。就这样，沈浩刚到小岗村任职不久，就用自己的深入思考与辛勤劳动赢得了全体村民的信任。

村困难户韩德国添了个孙子，孩子母乳不够，他家又买不起奶粉，沈浩便把自己1 000元的"私房钱"送了过去；大包干带头人关友章的遗孀、86岁的毛凤英病重，沈浩及时把她送到镇医院，并对院方说："老人家不容易，请尽力给她治疗，等她出院了我来结账！"65岁的"五保"户韩庆江的哮喘病发作，沈浩闻讯又一次掏出"私房钱"给老人救急……据不完全统计，在小岗村的数年里，沈浩送出去的"私房钱"就有好几万。

有一年春节前，腊月廿九那天沈浩还在小岗村忙着和村干部一道看望"五保"老人和老村干部，年三十早晨想赶回合肥与家人吃团圆饭，可是一开门就遇到年迈的毛凤英，老太太非要让沈浩到她家吃年饭不可，沈浩无法拒绝，直到晚上9点多，他才赶回合肥和家人团聚。沈浩在小岗村工作的6年里，只有两个中秋节是回家过的，每年过春

节都是除夕那天才回家,在家没待几天就又回到了村里。他在村里每天都忙个不停,忙着走家串户了解情况,忙着制订建设新区的规划,忙着为孤寡老人建一个温暖的"家",忙着接待一批又一批来村里洽谈业务的客商……哪里需要他,他就出现在哪里。他租村民的房子住,在房东家入伙,生活十分清苦。他租住的房间没有上过锁,那是为了方便群众找他反映问题、解决问题,这个房间,也因此成了小岗村接待群众最多的地方。他心里时刻装着小岗村,却没有时间顾及自己的小家,不能帮90多岁的老母亲梳梳头,不能陪亲爱的妻子买买菜,不能和最疼爱的女儿谈谈心……

　　沈浩凭借自己多年的工作经验和学习心得,努力寻找发展小岗村的办法,先后提出了"先解决思想问题再解决发展问题""跳出小岗村看小岗村""硬发展创造硬道理"的工作思路。沈浩曾对村民们讲:"小岗村就是一块金字招牌,擦擦就闪光。"他对法国国家电视台和美国的记者说:"小岗村的改革最终推动解决了14亿人口的吃饭问题,这是给世界做出了贡献。"他认为,小岗村知名度高,其规划也必须高起点。为此,他请来安徽省城乡规划设计院的专家,规划设计出了高规格的《小岗村社会经济发展规划纲要暨新农村建设方案》,制订了以发展现代农业、发展旅游业、招商引资办工业为指导思想的小岗村经济社会发展三步走战略。沈浩还提出：在小岗村快速通道的基础上，以淮蚌高速公路凤阳延伸段建设为契机，建设一个向北上宁洛高速公路，向西上淮蚌高速公路，与国家3号高速公路在武店互通的大型交通枢纽和快速通道网，全面提升小岗村的区位优势；依托高速公路在小岗村出口，建起小岗村工业园区，改变凤阳县东部工业落后的局面；申报国家级"新农村建设试验区"，在试验区内施行土地使用、用人制度、金融信贷、农民创业等方面的特殊政策。

几年间，沈浩为村里引进了13个项目，合同投资额达26亿元；全村家家盖新房，人均纯收入大幅提升。小岗村的村民为此心怀感激，把沈浩当作贴心人，当作自家的顶梁柱，也用行动支持并回报着他的付出。

2009年1月，小岗村连续与美国"GLG集团""从玉菜业""瑶海""天下一碗"签下四份投资大订单。其中，"GLG集团"要在小岗村建农产品深加工产业园，项目上马之前，必须平整地面，最大的难题是迁坟。众所周知，迁坟在农村是天大的事。2009年4月12日，村"两委"挨家挨户做迁坟动员工作。4月14日，村干部带头迁坟。第二天，村民们行动起来了，最多的一家迁了12座祖坟。爆竹声中，村民韩庆江家爷仨哭着给祖先磕头："咱小岗村要发展，今

天给你们搬家了。"沈浩也抑制不住自己的泪水,抱拳三作揖,高声道:"先人们,沈浩向你们道谢了!父老乡亲,谢谢你们支持小岗村工作!"204座坟在预定时间内全部迁完。

2009年秋天,186位小岗人再次用红手印留住他们的贴心人。但是谁也没有想到,这一次,沈浩真的永远留在了小岗村。

2009年11月5日,体力严重透支的沈浩倒在了办公室,当找他办事的村民发现时,他已经永远停止了呼吸。

这一次,小岗村的沈浩真地走了,再也不能在村里活泼泼地出现了。村民们在村文化广场上打着打着腰鼓就停下来哭了,因为村腰鼓队的服装和鼓都是沈浩置办的;村民们把沈浩的照片放在锅台上,边做饭,边掉泪,后悔不该为了一些琐事找他吵闹;夜行的村民们习惯性地抬起头,寻找沈浩住处明亮的灯光;大学生"村官"依然每天整理好办公桌,等待沈浩急匆匆地走进来。

沈浩曾经对村民说:"只要大家欢迎我,我愿意一辈子留在小岗!"他真的做到了。就是因为有沈浩这样的人,在中华大地上默默耕耘、无私奉献,中国的未来才充满着希望,每个中国人才能够追寻并实现自己的梦想。

包产到户 包产到户是中国农村集体经济组织实行的一种以家庭为单位承包生产任务的责任制度。通常采用三包一奖的办法,由农户向集体承包生产任务,按承包合同的规定进行分配。

❋ ❋ ❋

每一个人要有做一代豪杰的雄心壮志!应当做个开创一代的人。

——周恩来

后记

这套"梦想的力量：中国梦青少年读本"丛书得以出版，首先要感谢北京师范大学出版集团和安徽大学出版社的大力支持与帮助。感谢安徽大学出版社康建中社长不辞辛苦地从安徽赶来北京师范大学参加我们的审稿研讨会，并提出了重要的具有建设性的意见。感谢安徽大学出版社赵月华总编辑，这套丛书从最初的构思、策划，到最终的出版、发行，都凝聚着她的智慧和心血。社长和总编把这套丛书的读者定位在青少年身上，体现了他们对"中国梦"本质内涵的深刻理解，凸显了他们为实现"中国梦"所担负的社会责任感。同时，还应该感谢安徽大学出版社王先斌等编辑，他们在每一本书的编辑过程中都提出了许多宝贵而中肯的意见。

　　当然，本丛书各卷撰写者都是在繁忙之中，集中时间和精力，全力以赴地完成书稿的，付出了许多的辛劳和汗水。另外，还要感谢丁子涵、郝思聪、任敏、张悦等几位研究生，他们在查找资料、校对书稿等方面做了大量工作。

　　从开始策划到完稿，时间太仓促了，因此难免会有一些纰漏和不足，还请各位读者给予指正！

刘　勇　李春雨
2014 年 5 月